Jahrbuch für Haus und Wohnung

herausgegeben von
Dipl.-Wirtsch.-Ing.
Joachim Müller-Seidel

1997

	Januar	Februar	März	April
Montag	6 13 20 27	3 10 17 24	3 10 17 24 31	7 14 21 28
Dienstag	7 14 21 28	4 11 18 25	4 11 18 25	1 8 15 22 29
Mittwoch	1 8 15 22 29	5 12 19 26	5 12 19 26	2 9 16 23 30
Donnerstag	2 9 16 23 30	6 13 20 27	6 13 20 27	3 10 17 24
Freitag	3 10 17 24 31	7 14 21 28	7 14 21 28	4 11 18 25
Samstag	4 11 18 25	1 8 15 22	1 8 15 22 29	5 12 19 26
Sonntag	5 12 19 26	2 9 16 23	2 9 16 23 30	6 13 20 27

	Mai	Juni	Juli	August
Montag	5 12 19 26	2 9 16 23 30	7 14 21 28	4 11 18 25
Dienstag	6 13 20 27	3 10 17 24	1 8 15 22 29	5 12 19 26
Mittwoch	7 14 21 28	4 11 18 25	2 9 16 23 30	6 13 20 27
Donnerstag	1 8 15 22 29	5 12 19 26	3 10 17 24 31	7 14 21 28
Freitag	2 9 16 23 30	6 13 20 27	4 11 18 25	1 8 15 22 29
Samstag	3 10 17 24 31	7 14 21 28	5 12 19 26	2 9 16 23 30
Sonntag	4 11 18 25	1 8 15 22 29	6 13 20 27	3 10 17 24 31

	September	Oktober	November	Dezember
Montag	1 8 15 22 29	6 13 20 27	3 10 17 24	1 8 15 22 29
Dienstag	2 9 16 23 30	7 14 21 28	4 11 18 25	2 9 16 23 30
Mittwoch	3 10 17 24	1 8 15 22 29	5 12 19 26	3 10 17 24 31
Donnerstag	4 11 18 25	2 9 16 23 30	6 13 20 27	4 11 18 25
Freitag	5 12 19 26	3 10 17 24 31	7 14 21 28	5 12 19 26
Samstag	6 13 20 27	4 11 18 25	1 8 15 22 29	6 13 20 27
Sonntag	7 14 21 28	5 12 19 26	2 9 16 23 30	7 14 21 28

Karfreitag 28. März; Ostern 30./31. März; Christi Himmelfahrt 8. Mai; Pfingsten 18./19. Mai;
Fronleichnam 29. Mai; Tag der Deutschen Einheit 3. Oktober

1998

	Januar	Februar	März	April
Montag	5 12 19 26	2 9 16 23	2 9 16 23 30	6 13 20 27
Dienstag	6 13 20 27	3 10 17 24	3 10 17 24 31	7 14 21 28
Mittwoch	7 14 21 28	4 11 18 25	4 11 18 25	1 8 15 22 29
Donnerstag	1 8 15 22 29	5 12 19 26	5 12 19 26	2 9 16 23 30
Freitag	2 9 16 23 30	6 13 20 27	6 13 20 27	3 10 17 24
Samstag	3 10 17 24 31	7 14 21 28	7 14 21 28	4 11 18 25
Sonntag	4 11 18 25	1 8 15 22	1 8 15 22 29	5 12 19 26

	Mai	Juni	Juli	August
Montag	4 11 18 25	1 8 15 22 29	6 13 20 27	3 10 17 24 31
Dienstag	5 12 19 26	2 9 16 23 30	7 14 21 28	4 11 18 25
Mittwoch	6 13 20 27	3 10 17 24	1 8 15 22 29	5 12 19 26
Donnerstag	7 14 21 28	4 11 18 25	2 9 16 23 30	6 13 20 27
Freitag	1 8 15 22 29	5 12 19 26	3 10 17 24 31	7 14 21 28
Samstag	2 9 16 23 30	6 13 20 27	4 11 18 25	1 8 15 22 29
Sonntag	3 10 17 24 31	7 14 21 28	5 12 19 26	2 9 16 23 30

	September	Oktober	November	Dezember
Montag	7 14 21 28	5 12 19 26	2 9 16 23 30	7 14 21 28
Dienstag	1 8 15 22 29	6 13 20 27	3 10 17 24	1 8 15 22 29
Mittwoch	2 9 16 23 30	7 14 21 28	4 11 18 25	2 9 16 23 30
Donnerstag	3 10 17 24	1 8 15 22 29	5 12 19 26	3 10 17 24 31
Freitag	4 11 18 25	2 9 16 23 30	6 13 20 27	4 11 18 25
Samstag	5 12 19 26	3 10 17 24 31	7 14 21 28	5 12 19 26
Sonntag	6 13 20 27	4 11 18 25	1 8 15 22 29	6 13 20 27

Karfreitag 10. April; Ostern 12./13. April; Christi Himmelfahrt 21. Mai;
Pfingsten 31. Mai/1. Juni; Fronleichnam 11. Juni; Tag der Deutschen Einheit 3. Oktober

Vorwort

Liebe Leserin, lieber Leser,

das mit großem Medienrummel verabschiedete Eigenheimzulagengesetz, über dessen Einzelheiten in der letztjährigen Ausgabe Ihres Jahrbuchs noch nicht berichtet werden konnte, hält bei weitem nicht, was die Politiker versprechen. Gegenüber früher bringt es nur Vorteile für Kinderreiche mit mittlerem Einkommen, alle anderen Häuslebauer stehen jetzt schlechter da. Es bleibt zu hoffen, daß die besonders geförderten Einkommensgruppen bei den heutigen Immobilienpreisen das Abenteuer Immobilie sich in Angriff nehmen trauen und auch erfolgreich durchstehen können.

Die Einzelheiten der neuen Regelung entnehmen Sie den Ausführungen auf Seite 28ff. Bei der Antragstellung auf die Eigenheimzulage (Seite 22) sind wir Ihnen gerne mit weiteren Informationen behilflich.

Eine Arbeitsgruppe „Steuerausfälle" der Finanzbehörden hat sich der „Überprüfung der Möglichkeiten zur vollständigen Ausschöpfung der Steuerquellen" angenommen. Hier Auszüge zur Schwarzarbeit, die nahelegen, die Tolerierung der Schwarzarbeit als wohl effektivstes Förderprogramm für Häuslebauer anzusehen:

„Einem ledigen Maurer mit einem durchschnittlichen Bruttostundenlohn von rd. 24 DM werden von jeder Mark, die er durch reguläre Mehrarbeit zusätzlich verdient, 49 Pfennige ausgezahlt. Der Rest von 51 Pfennigen wird ihm direkt in Form von Lohn- und Kirchenlohnsteuer sowie Sozialabgaben abgezogen. Bei einem Vergleich von ‚regulärer Mehrarbeit netto' mit ‚Schwarzarbeit brutto = netto' stellt er sich selbst dann noch günstiger, wenn er für seine ‚schwarze Tätigkeit' nur 12 DM pro Stunde fordern würde. Der Unternehmer muß für seinen angestellten Maurer mit rd. 81 DM Stundenlohn kalkulieren. Das bedeutet, daß ein Auftraggeber, der gleich viel wie der Maurer verdient, rd. 7 Stunden arbeiten muß, um eine einzige regulär in Anspruch genommene Arbeitsstunde bezahlen zu können.

Es ist leicht nachzuvollziehen, daß bei diesen Preisen viele Häuser nicht gebaut oder Renovierungen nicht durchgeführt werden könnten."

Herausgeber und Verlag

Und so entsteht
Ihr Jahrbuch

Wichtige und interessante Daten, auf die Sie immer wieder zurückgreifen müssen oder die Sie parat haben wollen, schlummern in den verschiedensten Ordnern. Machen Sie sich einmal die Mühe, diese Angaben herauszusuchen, um sie dann ein für allemal immer präsent zu haben. Dazu dienen die Übersichten **Angaben zu Haus- und Grundbesitz, Baukosten, Versicherung, Versorgung, Adressen** und **Hausrat und Wertgegenstände.**

Zur Planung und Überwachung verschiedenster Vorhaben wie Reparaturen etc. dienen die monatlichen Übersichten **Termine** und **Planung**, je nachdem wie exakt sich die Arbeiten zeitlich bereits festlegen lassen.

Arbeiten, die Sie selbst erledigen wollen und wohl am verlängerten Wochenende angepackt werden, vermerken Sie in der Übersicht **Planung** der jeweiligen Woche, wobei Sie auch festhalten können, welche Besorgungen dazu noch nötig sind.

Schäden, die Sie etwa beim Rundgang um Ihren Besitz entdecken und die behoben werden müssen, sollten Sie in der Rubrik **Wichtig** der Monatsübersicht zumindest gleich vermerken. Später können Sie deren Behebung terminlich präzisieren.

Die Übersicht **Jahresplanung** dient zur Planung größerer Vorhaben oder zur Dokumentation von Arbeiten, die erfahrungsgemäß jedes Jahr zu bestimmten Zeiten wiederkehren und so als Jahresgrobplanung festgehalten werden können. Schließlich läßt sie sich auch als Planer für bestimmte Bereiche benützen; wenn Sie gerne Gärtnern etwa für das Gartenjahr.

Was kostet Sie das Wohnen in den eigenen vier Wänden? Wissen Sie es wirklich? Vieles wird automatisch abgebucht, Rechnung bezahlt und irgendwo abgelegt. Der Überblick geht da schnell verloren. Notieren Sie daher die monatlichen Ausgaben. Zur besseren Übersicht werden sie in zwei Rubriken unterteilt: **Laufende Ausgaben,** die zwangsläufig anfallen, wie Zahlungen für Kredit, Versicherung, Strom, etc., und **Sonstige Ausgaben,** die Sie selbst veranlassen und beeinflussen können.

Am Ende des Jahres werden alle monatlichen Ausgaben in der **Jahresübersicht Ausgaben** zusammengefaßt, wobei Sie auch bei den sonstigen Ausgaben Unterteilungen vornehmen sollten, um zu verdeutlichen, in welchen Bereichen welche Ausgaben angefallen sind, was für spätere Vergleichszwecke bestimmt interessant ist.

Ihre **Zahlungsverpflichtungen** gegenüber Ihren Kreditgebern, die **Daueraufträge** und die Entwicklung Ihrer **Bausparguthaben** können Sie in den entsprechenden Übersichten dokumentieren.

Eine **Chronologie der Entschuldung** führt Ihnen plastisch vor Augen, wie Ihr Haus, das am Anfang wohl eher „der Bank" gehört, stetig in Ihren Besitz übergeht, und welche Zahlungen Sie im Zeitablauf erbracht haben.

Kennen Sie Ihren Verbrauch an Strom, Wasser, Öl, Gas etc.? Welche Mengen Sie abnehmen und welche Kosten Ihnen entstehen, halten Sie in der Übersicht **Verbrauch** fest. In einem Diagramm können Sie die Entwicklung Ihres Verbrauchs pro Monat im Jahresverlauf dokumentieren. Die langjährige Entwicklung dieser Daten läßt sich in der Übersicht **Verbrauch im Langzeitvergleich** festhalten.

Manche Geräte / Anlagen wie Heizung, Wasserfilter, -aufbereitung, Feuerlöscher etc. bedürfen einer regelmäßigen Wartung. Hier nichts zu übersehen, dazu dient die Übersicht **Wartung**.

Ein wichtiger Bereich sind auch die Steuern. Was Sie in Ihrem Fall dem Finanzamt gegenüber geltend machen können, läßt sich in den Übersichten **Steuerliche Förderung, Werbungskosten, Sonderabschreibungen, Arbeitszimmer, Erhaltungsaufwendungen** und **Nachholung nicht ausgenutzter Grundförderung** festhalten. Einzelne **Abschreibungstabellen** hierzu ermöglichen zudem, die steuerlichen Entlastungen über die Jahre hinweg zu verdeutlichen.

Die langjährige Entwicklung der kommunalen Gebühren läßt sich in der Übersicht „**Gebühren im Langzeitvergleich**" festhalten.

Falls Sie Teile Ihres Hauses, Ihrer Wohnung vermieten, bieten Ihnen die Übersichten **Vermietung, Mieteinnahmen** und das **Muster einer Nebenkostenabrechnung** eine problemlose Abwicklung. Für die Vermietung Ihrer Ferienwohnung dient Ihnen ein **Belegungsplan**.

Inhalt

Übersichten

Übersichten im Anhang

Termine

Planung
Tätigkeiten / Besorgungen

1. KW: 1. 1. – 5. 1.

_____

_____

_____

_____

2. KW: 6. 1. – 12. 1.

_____

_____

_____

_____

3. KW: 13. 1. – 19. 1.

_____

_____

_____

Mo		6	13	20	27
Di		7	14	21	28
Mi	1	8	15	22	29
Do	2	9	16	23	30
Fr	3	10	17	24	31
Sa	4	11	18	25	
So	5	12	19	26	

Wichtig:

4. KW: 20. 1. – 26. 1.

5. KW: 27. 1. – 31. 1.

Zähler ablesen

Mieteinnahmen

Tag	Mieter / Wohnung	DM
	Gesamt	

Laufende Ausgaben

Tag	Art / Zahlung an	DM
	Gesamt	

Sonstige Ausgaben

Tag	Art / Zahlung an	DM
	Gesamt	

+ Summe laufende Ausgaben _____

=   Summe aller Ausgaben _____

Tip

Kündigung langfristiger Versicherungsverträge

Viele Bürger haben falsche oder überteuerte Versicherungsverträge. Der Grund: Fast immer werden Versicherungen von „Ein-Firmen-Vertretern" im heimischen Wohnzimmer abgeschlossen. Das ist ein besonders teurer Vertriebsweg, denn für die Unterschriften erhalten die Vertreter Abschlußprovisionen, die über die höhere Prämie wieder hereingeholt werden. Policen, die direkt mit den Unternehmen abgeschlossen werden, sind fast immer erheblich billiger. Überdies steuern die Unternehmen ihren Bestand über das Provisionssystem. Erwünschte, insbesondere langfristige Verträge werden weitaus besser honoriert als kurzfristige Verträge oder solche, an denen die Unternehmen nicht viel verdienen. Der Versicherungsbedarf der Familien ist demgegenüber oft umgekehrt. Aus deren Sicht ist eine preiswerte Haftpflichtversicherung wichtig und nötig, ein überteuerter Unfallversicherungsvertrag mit 10 Jahren Laufzeit demgegenüber unsinnig!

Wer mit seinen teuren Haftpflicht-, Hausrat-, Unfall- oder Gebäudeversicherungs-Policen zu einem preiswerten Versicherer wechselt und auf weniger wichtige Versicherungen (Glas-, Rechtsschutzversicherung) gänzlich verzichtet, kann Monat für Monat manchen Hunderter sparen – bei gleich gutem Versicherungsschutz. Es lohnt sich also, einmal die Schubladen zu durchforsten und auf überflüssige oder zu teure Policen hin zu checken!

Hier ein kurzer Check, ob „Ihr" Versicherungsvertrag preiswert ist. Bei erheblichen Abweichungen sollten Sie nachhaken (Verbraucher-Zentralen in jedem Bundesland, Bund der Versicherten, Postfach 11 53, 24547 Henstedt);
(DM-Beträge sind jeweils Jahresprämien);
Haftpflichtversicherung, 2 Mio. DM pauschal, DM 100;
Öltank-Haftpflichtversicherung, 2 Mio. DM pauschal, bis 5 000 l, oberirdisch 80 DM, unterirdisch 120 DM;
Bauherren-Haftpflichtversicherung, Baukosten bis 500 000 DM, 2 Mio. DM pauschal, ab 90 DM;
Hausratversicherung, Tarifzone II, 1,60 DM pro 1 000 DM Neuwert;
Wohngebäudeversicherung, Zone II, Wert 1914 × Prämienfaktor 24,6 (1995) 0,70 DM pro 1 000 DM;
Rechtsschutzversicherung (weniger wichtig), Fam./Verk. RS, 200 DM;
Unfallversicherung, Gefahrengruppe A, mit Progression 225 %, 1,– DM pro 1 000 DM Versicherungssumme; Kinder 0,60 DM pro 1 000 DM Versicherungssumme.

Meist sind die obengenannten Policen auf zehn (Rechtsschutzversicherungen meist 5) Jahre fest abgeschlossen. Doch in vielen Fällen ist ein vorzeitiges Herauskommen möglich. Ob und zu welchem Zeitpunkt eine **Kündigung** möglich ist, hängt vom Zeitpunkt des Vertragsabschlusses ab.

Die sog. „**Altverträge**", die **bis zum 31. 12. 1990** abgeschlossen wurden, können mit Drei-Monats-Frist zum Ablauf des jeweiligen Versicherungsjahres (steht in der Police) gekündigt werden, wenn eine 10jährige Laufzeit vorgedruckt oder sonst vorgegeben war. Das hat der Bundesgerichtshof (BGH) in zahlreichen Urteilen entschieden (Urteile vom 13. 7. 1994, IV ZR 107/93, 183/93, 219/93, 220/93 und 227/ 93 und vom 7. 2. 1996, IV ZR 3/95, IV ZR 15/95, IV ZR 379/94, IV ZR 32/95 und IV ZR 16/95).

Zur Begründung heißt es, der Kunde habe bei derart langfristigen Verträgen keine Möglichkeit, seine Versicherungen an geänderte persönliche oder wirtschaftliche Verhältnisse anzupassen, zum Beispiel bei Heirat, Scheidung oder Arbeitslosigkeit. Speziell zur Gebäudeversicherung (Urt. v. 22. 2. 1995, IV ZR 44/91) wird beanstandet, die Versicherungsnehmer könnten sich nicht marktgerecht verhalten und sich anderwärts zu günstigeren Bedingungen versichern.

Ist dagegen im Antrag die 10jährige Laufzeit **nicht** vorgedruckt, hängt die Beurteilung vom Einzelfall ab. Ergibt sich die Versicherungsdauer allein daraus, daß Versicherungsbeginn und -ende handschriftlich im Vertrag angegeben sind (z. B. 1. 10. 1989 – 1. 10. 1999), kann der Versicherungsnehmer gleichwohl vorzeitig kündigen, wenn er beweisen kann, daß er tatsächlich keine Möglichkeit hatte, die Laufzeit selbst zu bestimmen.

5-Jahres-Verträge werden hingegen vom BGH akzeptiert.

Verträge die **zwischen dem 1. 1. 1991 und dem 24. 6. 1994** abgeschlossen wurden, können erstmals nach 3 Jahren gekündigt werden, es sei denn, dem Kunden wurden **alternative Laufzeiten** (1, 3, 5 oder 10 Jahre) zur Disposition gestellt unter Einräumung eines der Laufzeit entsprechenden Rabatts (§ 8 Abs. 3 Versicherungsvertragsgesetz (VVG).

Die daraufhin umgestalteten Antragsformulare enthielten in der Regel mehrere Kästchen mit anzukreuzenden Laufzeiten und Rabattangaben. Fast immer befindet sich aber das „Kreuzchen" in dem der 10jährigen Laufzeit zugeordneten Kästchen, wenn der Vertreter – wie üblich – das Formular ausfüllt. Dem Anschein nach gab es eine Wahl, tatsächlich aber fast nie – wie sich jeder Betroffene wohl erinnern wird. In diesen

Fällen ist es allerdings fast unmöglich, eine vorzeitige Kündigung zu erreichen! Eine Kündigung nach drei Jahren bzw. dann jahresweise dürfte nur durchzusetzen sein, wenn z. B. noch alte Antragsformulare verwendet wurden und verschiedene Laufzeiten nicht vorgegeben wurden.

Für **ab dem 25. 6. 1994** abgeschlossene Verträge gibt es nach dem nunmehr geänderten § 8 Abs. 3 VVG ein Kündigungsrecht nach fünf Jahren Laufzeit, auch dann, wenn eine 10jährige Bindung vereinbart wurde. Nicht mehr nötig ist das Angebot verschiedener Vertragslaufzeiten und von Rabatten.

Für ab dem 1. 1. 1991 abgeschlossene Verträge gibt es auch ein **Widerrufsrecht** (§ 8 Abs. 4 VVG). Ausnahme: Verträge mit sogenannter „Sofortdeckung". Der Versicherungsnehmer ist über das Widerrufsrecht schriftlich zu belehren. Der Bundesgerichtshof hat inzwischen in zwei Entscheidungen die Auffassung vertreten, daß eine Belehrung nur dann ihren Namen verdient, wenn sie vom Kunden auch wahrgenommen werden kann (BGH, Beschl. v. 16. 11. 1995, I ZR 175/93 und I ZR 25/94). In den entschiedenen Fällen befand sich auf der Vorderseite des Formularsatzes ein Hinweis auf das auf der Rückseite abgedruckte Widerrufsrecht; dieses war allerdings „eingebettet" in andere Erklärungen. Das reicht nach Ansicht der Richter nicht aus. Folge: Bei fehlender, undeutlicher, unklarer, versteckter oder lückenhafter Belehrung beginnt die Widerrufsfrist noch nicht zu laufen, so daß die Unterschrift auch noch nach Jahren widerrufen werden kann. Der Versicherungsnehmer kann alle gezahlten Prämien zurückfordern (muß sich allerdings auch gegebenenfalls gezahlte Versicherungsleistungen anrechnen lassen).

Für die **ab dem 29. 7. 1994** abgeschlossenen Verträge gilt ein **anderes gestaltetes Widerrufsrecht**. Der Widerruf muß jetzt innerhalb einer Frist von 14 Tagen (früher 10 Tage) ab Unterzeichnung des Antrags erklärt werden; die Frist beginnt – nunmehr ausdrücklich! – erst ab unterschriebener Belehrung. Bei unterbliebener bzw. nicht durch Unterschrift bestätigter Belehrung erlischt das Widerrufsrecht einen Monat nach Zahlung der ersten Prämie. Eile ist daher bei ungenügender Belehrung geboten.

Verträge, die **bis zum 28. 7. 1994** abgeschlossen wurden, können bei **Prämienerhöhung** ebenfalls gekündigt werden, und zwar dann, wenn diese mehr als 5 % gegenüber dem Vorjahr bzw. 25 % gegenüber dem Erstbeitrag ausmacht. Jüngere Verträge (ab dem 29. 7. 1994) können bei **jeder** Prämienerhöhung gekündigt werden, es sei denn, der Umfang des Versicherungsschutzes ändert (genauer: verbessert) sich (§ 31 VVG).

Ob man eine ungewollte Änderung des Umfangs plus Prämienerhöhung ablehnen und stattdessen kündigen kann, ist gerichtlich noch nicht entschieden worden.

Neu für Verträge ab dem 29. 7. 1994 ist das **Widerspruchsrecht** (§ 5 a VVG). Für den Widerspruch gilt eine kurze Frist von 14 Tagen. Die Frist beginnt jedoch erst ab Aushändigung umfangreicher Verbraucherinformation, die oft unterbleibt. Außerdem ist in drucktechnisch deutlicher Weise auf das Widerspruchsrecht hinzuweisen. Bei Formfehlern bezüglich des Widespruchsrechts kann man dem Vertrag noch bis zu einem Jahr nach Zahlung der ersten Prämie widersprechen.

Hinweis: Eine unwirksame (oder bestritten wirksame) Kündigung, die **verspätet zurückgewiesen** wird, wird allein schon aus diesem Grunde wirksam! Liegt zwischen Kündigung und Zurückweisung durch das Unternehmen ein Zeitraum von 14 Tagen oder mehr, gilt die Kündigung als wirksam.

Eine Sonderregelung gilt für die **neuen Bundesländer**. Alle Verträge, die bis zum 31. 12. 1992 abgeschlossen wurden, sind jährlich kündbar.

Nach einer **Schadensregulierung** kann bis zu einem Monat danach jeder Vertrag gekündigt werden, am besten „zum Ablauf des Versicherungsjahres" – sonst gehen Prämien verloren.

Wichtig: Kündigung, Widerruf und Widerspruch immer per Einschreiben/Rückschein versenden! Mit dem Einschreibbeleg beweisen Sie den Zeitpunkt der Absendung, mit dem Rückschein wird der Eingang und dessen Zeitpunkt belegt. Bei einer Kündigung ist der Eingang beim Versicherungsunternehmen der maßgebliche Zeitpunkt, bei Widerspruch und Widerruf die Absendung.

Alles in allem also gute Chancen, aus einem ungewollten, falschen, nicht bedarfsgerechten oder überteuerten Vertrag herauszukommen!

Unser Tip: Schließen Sie auf jeden Fall grundsätzlich nur Verträge mit einer **einjährigen Laufzeit** ab, gleich, wieviel Rabatt man Ihnen für längerlaufende Verträge einräumt. Tatsächlich sind 10-Jahres-Verträge mit Rabatt oft noch drei- bis viermal so teuer wie Ein-Jahres-Verträge anderer preiswerter Anbieter! Sie müssen sich nicht jedes Jahr erneut um Ihre Versicherung kümmern, weil sie – ohne Kündigung – automatisch weiterläuft.

Termine

Planung

Tätigkeiten / Besorgungen

5. KW: 1. 2. – 2. 2.

6. KW: 3. 2. – 9. 2.

7. KW: 10. 2. – 16. 2.

Mo		3	10	17	24
Di		4	11	18	25
Mi		5	12	10	26
Do		6	13	20	27
Fr		7	14	21	28
Sa	1	8	15	22	
So	2	9	16	23	

Wichtig:
_____
_____
_____

_____ _____

_____ _____

_____ _____

8. KW: 17. 2. – 23. 2.

_____ _____

_____ _____

_____ _____

_____ _____

_____ _____

9. KW: 24. 2. – 28. 2.

_____ _____

_____ _____

_____ _____

Zähler ablesen

Mieteinnahmen

Tag	Mieter / Wohnung	DM
	Gesamt	

Laufende Ausgaben

Tag	Art / Zahlung an	DM
	Gesamt	

Sonstige Ausgaben

Tag	Art / Zahlung an	DM
	Gesamt	

+ Summe laufende Ausgaben _____
=   Summe aller Ausgaben _____

Preisrätsel

Die individuelle Note des Hauses: Das Dach

Unterschiedliche Dachformen und Dachneigungen haben sich in Jahrhunderten entwickelt, je nach Schutz- und Nutzfunktionen. Für welches Dach sich ein Bauherr entscheidet, ist dabei nicht nur eine Frage des persönlichen Geschmacks, häufig ist es planungsrechtlich vorgeschrieben.

Das Flachdach spielt bei privaten Bauten heute praktisch keine Rolle mehr. Am häufigsten verbreitet ist das Satteldach mit zwei schrägen, im First zusammenstoßenden Dachflächen. Es hat sich architektonisch wie bauphysikalisch in vielen Varianten bewährt.

Zu den ältesten Dächern gehört das Walmdach. Es hat vier geneigte Dachflächen mit einem First und vier Traufen. Auf den Villen und Einfamilienhäusern der Gründerzeit finden sich vielfach Walmdächer. Ebenfalls eine lange Tradition hat das Krüppelwalmdach. Diese Dachform erhält ihre Optik durch den über den Giebeln stark verkürzten Walm. Sie wird auch heute noch oft dort gewählt, wo Giebel vor rauher Witterung geschützt werden müssen.

Als einfachste Dachform gilt das zu einer Seite geneigte Pultdach. Es hat sich aus wirtschaftlichen Gründen vielfach für Reihenhaus-Siedlungen bewährt. Relativ selten ist dagegen das Zeltdach, da es einen annähernd quadratischen Grundriß erfordert.

Das Mansarddach ist ein Satteldach, dessen Dachneigung auf halber Höhe, oder etwas darüber, flacher wird. Mansarddächer werden auch heute noch gebaut, um die Dachfläche durch kürzere Schrägen für ein weiteres Wohngeschoß voll auszunutzen.

Und nun Ihre Aufgabe: Schreiben Sie uns die Namen der abgebildeten und mit Nummern versehenen Dachformen.

Schicken Sie Ihre Lösung an den Rudolf Haufe Verlag GmbH & Co. KG, Postfach 740, 79007 Freiburg i. Br., Kennwort Preisrätsel Jahrbuch 1997, Einsendeschluß ist der 1. April 1997.

Zu gewinnen gibt es wieder 12 mal je 3 Flaschen Kaiserstühler Wein. Der Rechtsweg ist ausgeschlossen.

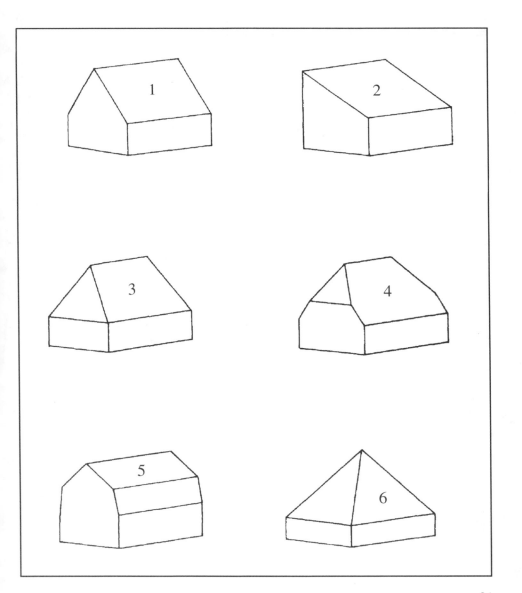

Der Antrag auf Eigenheimzulage

Geld vom Finanzamt gibt es für Bauherren und Erwerber von eigengenutzten Wohngebäuden und Eigentumswohnungen, die ab 1996 die Eigenheimzulage (→ S. 28) erhalten. Acht Jahre lang überweist das Finanzamt diesem Personenkreis jeweils am 15. März einen festen Betrag auf das Bankkonto. Für den gesamten Begünstigungszeitraum muß nur einmal ein amtliches Formular ausgefüllt werden.

Zeitpunkt der Antragstellung

Der Antrag auf Eigenheimzulage kann frühestens zu dem Zeitpunkt gestellt werden, in dem die Voraussetzungen für die Gewährung der Eigenheimzulage erfüllt sind. Das heißt:

- die Wohnung muß fertiggestellt sein.
- Besitz, Nutzen und Lasten müssen auf den Erwerber übergegangen sein.
- Die Wohnung muß vom Eigentümer bzw. im Fall der unentgeltlichen Überlassung von nahen Angehörigen bezogen sein.

Das Eigenheimzulagengesetz enthält keine ausdrückliche Regelung zur Antragsfrist. Das bedeutet, daß der Antrag innerhalb der für Steuervergünstigungen geltenden Festsetzungsfrist von vier Jahren zu stellen ist. Diese Frist beginnt mit Ablauf des Jahres, in dem der Anspruch auf Eigenheimzulage entstanden ist.

Der Antrag ist bei dem Finanzamt zu stellen, das für die (künftige) Veranlagung zur Einkommensteuer zuständig ist (Wohnsitzfinanzamt).

Die Festsetzung der Eigenheimzulage

Nach Prüfung Ihres Antrags setzt das Finanzamt die Eigenheimzulage fest. Die Festsetzung erfolgt in der Regel für den gesamten achtjährigen Begünstigungszeitraum in einem einzigen Bescheid. Diesem Bescheid ist eine Berechnung beigefügt, wie das Finanzamt die festgesetzte Eigenheimzulage ermittelt hat.

Die Auszahlung

Innerhalb eines Monats nach Bekanntgabe des Bescheids muß das Finanzamt Ihnen die Eigenheimzulage für das erste Jahr auszahlen.

In den weiteren Jahren wird Ihnen die Zulage jeweils am 15. März automatisch vom Finanzamt überwiesen, ohne daß es hierzu eines weiteren Antrags bedarf.

Vorkostenabzug

Die sog. Vorkosten, das sind Aufwendungen, die vor dem Einzug in die selbstgenutzte Wohnung entstanden sind, werden nicht im Rahmen der Eigenheimzulage berücksichtigt. Sie müssen **in der Einkommensteuererklärung (Anlage FW) geltend gemacht** werden und werden bei der Einkommensermittlung wie Sonderausgaben abgezogen.

Anleitung

Eine Anleitung zum Ausfüllen des amtlichen Formulars senden wir Ihnen gerne zu. Dabei wird Ihnen Zeile für Zeile erläutert und die nötige Hintergrundinformation geliefert. Sie vermeiden dadurch Fehler bei den Eintragungen und Rückfragen des Finanzamtes, die zu einer Verzögerung bei der Bearbeitung des Antrags und damit bei der Auszahlung führen könnten.

So erreichen Sie uns:

Rudolf Haufe Verlag, Postfach 740, 79007 Freiburg i. Br., Redaktion Jahrbuch, Tel. 07 61 / 3 68 31 02, Fax 07 61 / 3 68 39 97.

Bitte unbedingt angeben: Antrag auf Eigenheimzulage.

Termine

Planung

Tätigkeiten / Besorgungen

9. KW: 1. 3. – 2. 3.

10. KW: 3. 3. – 9. 3.

11. KW: 10. 3. – 16. 3.

Mo		3	10	17	24	31
Di		4	11	18	25	
Mi		5	12	19	26	
Do		6	13	20	27	
Fr		7	14	21	28	
Sa	1	8	15	22	29	
So	2	9	16	23	30	

Wichtig:

_____

_____

3

12. KW: 17. 3. – 23. 3.

13. KW: 24. 3. – 30. 3.

Zähler ablesen

Mieteinnahmen

Tag	Mieter / Wohnung	DM
	Gesamt	

Laufende Ausgaben

Tag	Art / Zahlung an	DM
	Gesamt	

Sonstige Ausgaben

Tag	Art / Zahlung an	DM
	Gesamt	

+ Summe laufende Ausgaben

=   Summe aller Ausgaben

Tip

Steuerbegünstigungen für eigengenutzte Wohnungen

Eigenheimzulage – Fördergrundbetrag, Öko-Zulage, Kinderzulage –

Gesetzliche Grundlage:	Eigenheimzulagengesetz
Art der Förderung:	Einkommensunabhängige Zulage
Begünstigte Objekte:	Wohnung im eigenen Haus Eigentumswohnung Ausbauten und Erweiterungen an bestehenden Gebäuden Anteile an Wohnungsbaugenossenschaften
Begünstigte Nutzung:	Nutzung zu eigenen Wohnzwecken Unentgeltliche Überlassung an Angehörige i. S. des § 15 Abgabenordnung zu Wohnzwecken (Kinder, Enkel, Eltern, Großeltern, Verlobte, geschiedener Ehegatte, Geschwister)
Begünstigter Personenkreis:	Bauherr Entgeltlicher Erwerber Erbe (mit Einschränkung) Genossenschaftsmitglied **nicht:** unentgeltlicher Erwerber Nießbraucher
Einkunftsgrenze:	Gesamtbetrag der Einkünfte darf im Erstjahr zuzüglich Vorjahr 240 000 DM bei Alleinstehenden bzw. 480 000 DM bei Verheirateten nicht übersteigen

Fördergrundbetrag

Bemessungsgrundlage:	Herstellungs- oder Anschaffungskosten des Gebäudes/der Wohnung zuzügl. der vollen Anschaffungskosten für Grund und Boden
Höchstbemessungsgrundlage:	100 000 DM für Neubauten, Altbauten und Anbauten 80 000 DM für Genossenschaftsanteile
Fördersatz für Fördergrundbetrag:	8 Jahre je 5 % bei Neubauten, Erweiterungen und Ausbauten 8 Jahre je 2,5 % bei Altbauten[1] 8 Jahre je 3 % bei Genossenschaftsanteilen

---

[1] Altbauten sind Objekte, die erst nach dem Ende des zweiten auf das Jahr der Fertigstellung folgenden Jahres angeschafft werden (z. B. Anschaffung 1997 eines vor 1995 fertiggestellten Hauses = Altbau).

Höchstbetrag des Fördergrundbetrags:	5 000,– DM bei Neubauten sowie Erweiterungen und Ausbauten 2 500,– DM bei Altbauten[1] 2 400,– DM bei Genossenschaftsanteilen
Objektbeschränkung:	Pro Person ein Objekt begünstigt, bei zusammenveranlagten Ehegatten insgesamt zwei Objekte. Miteigentumsanteil gilt als volles Objekt. AfA nach § 7 b EStG und Grundförderung nach § 10 e EStG werden beim Objektverbrauch mitgerechnet.
Folgeobjekt:	Eigenheimzulage für Restjahre bei Folgeobjekt möglich.

Öko-Zulage

Höhe:	a) 8 Jahre je 2 % der Aufwendungen, höchstens 500 DM für den vor Beginn der Eigennutzung erfolgten Einbau von Solar-, Wärmepumpen- oder Wärmegewinnungsanlagen. b) 8 Jahre je 400 DM pauschale Zulage, wenn es sich um ein Niedrigenergiehaus handelt.

Kinderzulage

Höhe:	Jährlich 1 500 DM für jedes Kind, für das der Anspruchsberechtigte Kindergeld oder einen Kinderfreibetrag erhält jährlich 500 DM / Kind bei Genossenschaftsanteilen
Obergrenze der Eigenheimzulage:	Die Summe aus Fördergrundbetrag und Kinderzulage darf die Bemessungsgrundlage nicht übersteigen.

Vorkosten

Gesetzliche Grundlage:	§ 10 i EStG
Art der Förderung:	Einkommensabhängige Steuerersparnis, Berücksichtigung wie Sonderausgaben im Rahmen der Einkommensveranlagung
Höhe des Abzugs:	a) Pauschalbetrag von 3 500 DM, wenn Eigenheimzulage innerhalb der ersten drei Jahre in Anspruch genommen wird, Abzug im Jahr der Fertigstellung bzw. Anschaffung

b) Erhaltungsaufwendungen bis max. 22 500 DM, wenn

- Arbeiten vor Beginn der Selbstnutzung (beim Erwerb durch Mieter bis zum Ablauf des auf die Anschaffung folgenden Jahres) ausgeführt werden und
- unmittelbar mit der Anschaffung des Objekts zusammenhängen.

Abzug der Erhaltungsaufwendungen als Vorkosten ist auch möglich, wenn Eigenheimzulage nicht gewährt wird.

Steuerbegünstigung nach § 10 f EStG

Begünstigte Objekte:	Zu eigenen Wohnzwecken genutzte Baudenkmale und Gebäude in Sanierungsgebieten und städtebaulichen Entwicklungsbereichen.
Berechtigte Personen:	Bauherr; Erwerber (mit Einschränkung)
Begünstigte Aufwendungen:	Herstellungskosten; Anschaffungskosten für nach Abschluß des Kaufvertrags durchgeführte Maßnahmen; Erhaltungsaufwendungen.
Begünstigte Maßnahmen:	Modernisierungs- und Instandsetzungsmaßnahmen i. S. des § 177 des Baugesetzbuches bzw. Baumaßnahmen, die nach Art und Umfang zur Erhaltung des Gebäudes als Baudenkmal oder zu seiner sinnvollen Nutzung erforderlich sind.
Höhe der Vergünstigung:	10 Jahre jährlich 10 v. H. der begünstigten Aufwendungen; Abzug wie Sonderausgaben.
Objektbeschränkung:	Vergünstigung nur für **ein** Gebäude, bei Eheleuten für zwei.

Steuerbegünstigung nach § 7 Fördergebietsgesetz

Begünstigte Objekte:	Zu eigenen Wohnzwecken genutzte Gebäude und Wohnungen in den neuen Bundesländern.
Berechtigte Personen:	Eigentümer des Gebäudes
Begünstigte Aufwendungen:	Modernisierungs- und Erhaltungsaufwendungen, nachträgliche Herstellungskosten, anschaffungsnahe Aufwendungen.
Höhe der Vergünstigung:	10 Jahre jährlich 10 v. H. der begünstigten Aufwendungen, höchstens von insgesamt 40 000 DM.
Zeitliche Voraussetzung:	Die Maßnahmen müssen in der Zeit vom 1. 1. 1991 bis 31. 12. 1998 ausgeführt werden.

Sonderabschreibungen für Privatgebäude in den neuen Bundesländern

Sonderabschreibungen für Anschaffungs- und Herstellungskosten

Gesetzliche Grundlage:	§§ 3, 4 Fördergebietsgesetz
Fördergebiet:	Berlin (Ost und West), Brandenburg, Mecklenburg-Vorpommern, Sachsen, Sachsen-Anhalt und Thüringen
Höhe: Bis 31. 12. 1996	**bis zu 50 v. H.** der Anschaffungs- oder Herstellungskosten.
Vom 1. 1. 1997	**bis zu 25 v. H.**, wenn mindestens fünf Jahre lang zu Wohnzwecken
bis 31. 12. 1998	genutzt; ansonsten **bis zu 20 v. H.** Beliebig verteilbar auf das Jahr der Anschaffung / Fertigstellung und die folgenden vier Jahre.
AfA-Beginn:	Anschaffung bzw. Fertigstellung; Sonder-AfA ist bereits für geleistete Anzahlungen und angefallene Herstellungskosten möglich
AfA-Ende:	Ablauf des fünfjährigen Begünstigungszeitraums; anschließend: gleichmäßige Verteilung des Restwerts auf die Restnutzungsdauer
Besonderheiten:	Im Erwerbsfall muß die Anschaffung bis zum Ende des Jahres der Fertigstellung erfolgt sein

Sonderabschreibungen für nachträgliche Herstellungskosten

Gesetzliche Grundlage:	§ 4 Abs. 3 Fördergebietsgesetz
Höhe:	Bis zu **50 v. H.** der Aufwendungen bis 31. 12. 1996, bis zu **40 v. H.** der Aufwendungen vom 1. 1. 1997 bis 31. 12. 1998, innerhalb der ersten fünf Jahre beliebig verteilbar (voller Abzug der 50/40 v. H. in einem Jahr möglich)
AfA-Beginn:	Abschluß der Baumaßnahmen
Restwert-AfA:	Der nach Vornahme der vollen Sonderabschreibung vorhandene Restwert ist bis zum Ende des neunten auf das Jahr der Beendigung der Baumaßnahmen folgenden Jahres abzusetzen (= Vollabschreibung innerhalb von 10 Jahren)
Begünstigte Maßnahmen:	Modernisierungsmaßnahmen (anschaffungsnahe Aufwendungen), nachträgliche Herstellungsarbeiten an bestehenden Gebäuden im Beitrittsgebiet, Anschaffungskosten, soweit sie auf begünstigte Maßnahmen entfallen, die nach Abschluß des notariellen Kaufvertrags ausgeführt worden sind.

Termine

Planung
Tätigkeiten / Besorgungen

14. KW: 31. 3. – 6. 4.

15. KW: 7. 4. – 13. 4.

16. KW: 14. 4. – 20. 4.

Mo		7	14	21	28
Di	1	8	15	22	29
Mi	2	9	16	23	30
Do	3	10	17	24	
Fr	4	11	18	25	
Sa	5	12	19	26	
So	6	13	20	27	

Wichtig: _____

_____

_____

_____

_____

17. KW: 21. 4. – 27. 4.

_____

_____

_____

_____

18. KW: 28. 4. – 30. 4.

_____

_____

_____

Zähler ablesen

Mieteinnahmen

Tag	Mieter / Wohnung	DM
	Gesamt	

Laufende Ausgaben

Tag	Art / Zahlung an	DM
	Gesamt	

Sonstige Ausgaben

Tag	Art / Zahlung an	DM

	Gesamt	
	+ Summe laufende Ausgaben	
	= Summe aller Ausgaben	

4

Tip

Wuchshilfen für Rosen und andere Spreizklimmer

Gärten mit Holzgerüsten neu gestalten

Spreizklimmer sind mehrjährige Pflanzen, die, obwohl sie keine Organe haben um sich an einer Kletterhilfe festzuhalten, mit Hilfe ihrer langen, biegsamen Triebe wie z. B. die Kletterrosen bis 8 m hoch wachsen können. Es wird aber nicht nur Schönheit geboten – Strahlengriffel, der Kiwi und die Brombeere können 5 bis 6 m hoch ranken, wenn sie die richtige Hilfe haben. Holzgerüste sind hier – nicht nur an Wänden – geradezu ideal.

Holz und Edelstahl sind die Werkstoffe, mit deren Hilfe man neu und besser gestalten kann. Bei den Hölzern hat Western Red Wood hohe Dauerhaftigkeit, ebenso die Robinie, wie auch der Kern der Eiche. Edelstahlbänder sind preiswert und lassen sich gut bearbeiten.

Rankrahmen mit schrägen Sprossen lassen sich nicht nur gut an den Wänden befestigen, man kann auch die Triebe leicht durch die Zwischenräume stecken, damit die Pflanzen gut Halt bekommen. Allerdings ist ein Abstand von der Wand nötig.

Die **Abstands- und Befestigungslaschen** werden einfach in der benötigten Form aus den Edelstahlbändern gebogen, gebohrt und abgelängt, mit nichtrostenden Dübeln und Schrauben befestigt. Bewährt sind zwei über Kreuz verschraubte Bänder, die nach jeder Seite Stabilität sichern.

Mit **Pfosten** lassen sich diese Rahmen auch frei aufstellen, man sollte Pfostenschuhe verwenden, um die kritische Zone zwischen Luft und Erde zu übergehen, auch das Hirnholz mit einer Kunststoff- oder Kupferkappe sichern. Die Rahmen selbst werden einfach zwischengeschraubt.

Mit **Pergolaelementen** kann man es ausnutzen, daß z. B. Kletterrosen in die Höhe wuchern wollen. Sie werden, an Balken und Reiter gebunden, hoch oben einen schmucken „Rosenpelz" bilden. Sie werden auch Doppelpergolas leicht überwachsen.

Für **Eingangsbögen** lassen sich gut spezielle Rosenbögen aus Holz verwenden, aber auch einzelne Pergolateile, z. B. mit geschwungenen oder runden Sattelbalken. Rankrahmen zwischen den Teilen und verbindende lange Reiter obenauf lassen einen „Rosengang" entstehen.

Nicht nur **Laubengerüste**, sondern auch **Pavillone**, wie auch die Stämme alter Bäume lassen sich so mit einer Rosenhecke umgeben. Oder man zieht zwischen zwei Bäumen eine Brombeerhecke als Sichtschutz hoch – auch wegen der Früchte!

Einen **hochwachsenden Rosenstrauch** kann man leicht an einer Wand ziehen. Man fertigt aus Edelstahlbändern runde, ovale oder dreieckige Bügel, an denen die bis zu 8 m hohen Stäbe tragen. Man kann die Stäbe parallel laufen lassen, es ist jedoch besser, die Wuchshilfe oben weiter auszubilden. Haltebänder mit Verdübelungen sichern, daß das hohe Gewicht unter Kontrolle bleibt.

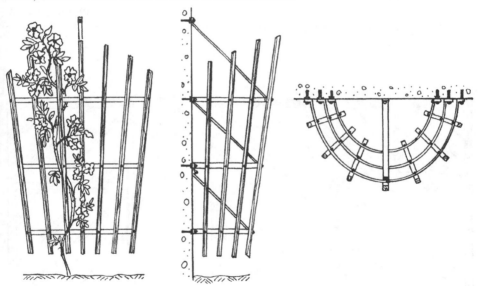

Halter für schweren Bewuchs
Edelstahlbänder mit Verschraubungen und Dübeln
Wuchshilfen für spreizklimmende Rosen aus Edelstahlbändern und Holzstäben

Gerüstkontruktionen aus Holz lassen Rosengärten in die Höhe wachsen!

Jeder Garten braucht eine Leitpflanze – oft wird die Rose wegen der Vielfalt ihrer Formen gewählt. Sie ist nicht nur in einer Rabatte oder als kleiner Strauch schön, sie kann auch Wände bekleiden, in die „dritte Dimension", die Höhe wachsen, wenn man die nötigen Holzkonstruktionen schafft. Sie müssen aber dann so gestaltet werden, daß mit anderen Pflanzen kombiniert werden kann, z. B. mit dem satten Grün der Pfeifenwinde, den anderen Formen und Farben des Clematis und auch mit immergrünen Pflanzen wie dem Efeu, mit fruchttragenden wie dem Feuerdorn – damit auch im Winter das Grün erhalten bleibt. Es ist bezeichnend, daß gerade der Edelstahl mit seinen Möglichkeiten hier Bauteilen aus Holz neue, bessere Möglichkeiten zu einem erweitertem Einsatz gibt.

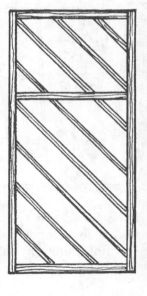

Rahmen mit aufgeschraubten, schräggestellten Stäben

... und untergeschraubten

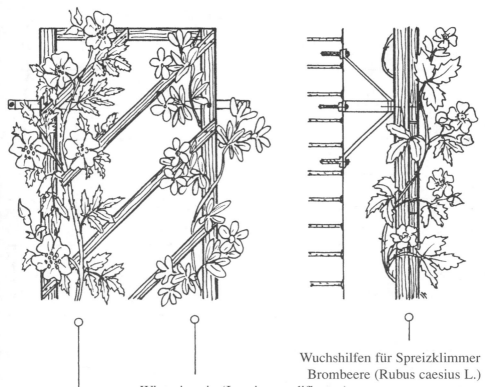

Wuchshilfen für Spreizklimmer
Brombeere (Rubus caesius L.)
Winterjasmin (Jasmium nudiflorum)
Kletterrose (Rosa canina L.-Hebride)

Kletterhilfen für Spreizklimmer	Höhe (Länge) in m	Stabquer- schnitte in cm	Rahmen- weiten in cm B × H
Winterjasmin (Jasmium nudiflorum)	4	2 × 3	30 × 30
Strahlengiffel (Actinidia arguta)	5	3 × 3	40 × 40
Brombeere (Rubus caesius L.)	6	3 × 4	40 × 60
Kletterrosen (Hebriden)	8	4 × 4	60 × 60

Längen, Stabdurchmesser und Rahmenweiten für Spreizklimmer mit Drei-punkt-Abstandshalterungen.

Termine

Planung

Tätigkeiten / Besorgungen

18. KW: 1. 5. – 4. 5.

19. KW: 5. 5. – 11. 5.

20. KW: 12. 5. – 18. 5.

Mo		5	12	19	26
Di		6	13	20	27
Mi		7	14	21	28
Do	1	8	15	22	29
Fr	2	9	16	23	30
Sa	3	10	17	24	31
So	4	11	18	25	

Wichtig: _____

_____

_____

_____

21. KW: 19. 5. – 25. 5.

22. KW: 26. 5. – 31. 5.

Zähler ablesen

Mieteinnahmen

Tag	Mieter / Wohnung	DM
	Gesamt	

Laufende Ausgaben

Tag	Art / Zahlung an	DM
	Gesamt	

Sonstige Ausgaben

Tag	Art / Zahlung an	DM
	Gesamt	

+ Summe laufende Ausgaben _____

= Summe aller Ausgaben _____

5

Tip

Unter dem Fallbeil der Verjährung

Die Verjährung spielt im Werkvertragsrecht ganz allgemein und im Baurecht im besonderen eine große Rolle. Ob Sie nun Bauherr sind oder Auftraggeber im Rahmen eines Werkvertrages, Sie sollten sich in jedem Fall damit beschäftigt haben, wann Ihre Ansprüche gegenüber den Vertragsbeteiligten oder deren Gegenansprüche verjähren.

Denken Sie daran: Verjährte Gewährleistungsansprüche sind keinen Pfifferling mehr wert. Die Verjährung hat zur Folge, daß die Ansprüche als solche schlichtweg untergegangen sind und nicht mehr – auch nicht gerichtlich – durchgesetzt werden können.

Wichtig aber auch: Die Verjährung muß von demjenigen, der sich auf sie berufen will, im Wege einer sog. Einrede geltend gemacht werden. Einrede der Verjährung bedeutet: Wer sich auf den Eintritt der Verjährung berufen will, muß das ausdrücklich tun. Nur wer den Eintritt der Verjährung geltend macht, hat auch ein Leistungsverweigerungsrecht. Ohne daß sich auf die Verjährung ausdrücklich berufen wird, kann auch eine an und für sich verjährte Forderung gerichtlich zugesprochen werden. Die Verjährungsfrist ist also keine Frist, die das Gericht von Amts wegen zu berücksichtigen hat. Gehen Sie aber davon aus, daß (Bau-) Unternehmer und Handwerker über die Verjährungsfristen informiert und mit der Handhabung der Verjährungseinrede vertraut sind.

Die Verjährungsfristen ergeben sich aus dem Gesetz (§ 638 BGB) oder aus der VOB/ B (§ 13 Nr. 4) oder aus einer wirksam getroffenen Vertragsabsprache.

Nach dem BGB verjährt der Anspruch des Auftraggebers auf Beseitigung eines Werkmangels sowie die ihm zustehenden Gewährleistungsansprüche auf Wandlung, Minderung oder Schadensersatz

– grundsätzlich in 6 Monaten,
– bei Arbeiten an einem Grundstück in 1 Jahr und
– bei Arbeiten an einem Bauwerk in 5 Jahren.

Liegen dem Auftrag die VOB/B zugrunde, dann verkürzt sich die Verjährungsfrist für Bauwerke und für Holzerkrankungen von 5 Jahren auf 2 Jahre. Aber Achtung: Das gilt nur dann, wenn die VOB als ganzes vereinbart wurde. Eine Abkürzung von Verjährungsfristen ist ansonsten nur im Rahmen einer ausdrücklichen Individualvereinbarung, nicht aber im Rahmen eines Formularvertrages bzw. im Rahmen Allgemeiner Geschäftsbedingungen möglich.

Die Verjährung beginnt grundsätzlich immer mit der Abnahme des Werks zu laufen. Wann eine Abnahme stattfindet, ist nicht immer leicht festzulegen. Wenn eine förmliche Bauabnahme erfolgt, dann ist die Sache einfach. Anders sieht die Sache aus, wenn es sich um die Abnahme einer geistigen Leistung, wie sie das Werk des Architekten darstellt, handelt. Hier gilt: Bei dem Architektenwerk tritt an Stelle der Abnahme die Vollendung aller Architektenleistungen, die vertraglich zu erbringen sind. Erst mit dem Abschluß aller Arbeiten (Planung des Hauses, Leitung und Überwachung und Abnahme der Bauarbeiten, Rechnungsprüfung u. a.) ist die Architektenleistung erbracht mit der Folge, daß die Verjährungsfrist zu laufen beginnt. Da der Architekt in der Regel auch bei der Mängelbeseitigung mitzuwirken hat, verzögert sich der Beginn der Verjährung der Ansprüche gegenüber dem Architekten weit über den Zeitpunkt der Beendigung des Baus hinaus.

Beachten Sie aber: War der Architekt nur mit der Planung des Bauwerkes beauftragt, so beginnt die Verjährung schon dann, wenn Sie als Bauherr die Planungsunterlagen als vertragsgemäße Leistung entgegennehmen. Kündigt der Architekt während der Bauausführung den Architektenvertrag und stellt er seine Tätigkeit ein, so beginnt die Verjährungsfrist der Gewährleistungsansprüche des Bauherrn mit dem Zeitpunkt zu laufen, in dem die Arbeiten endgültig eingestellt werden, und zwar unabhängig davon, ob der Architekt nun zur Kündigung des Vertrages berechtigt war oder nicht.

Denken Sie auch daran: Eine Abnahme des Werks erfolgt auch dann, wenn keine ausdrückliche und förmliche Abnahme durchgeführt wird. Die widerspruchslose Entgegennahme des Werks oder der Einzug in das neue Haus können bereits als Abnahme gewertet werden. In der VOB ist das ausdrücklich geregelt (§ 12 VOB/B). Danach gilt: Nach Ablauf von 6 Werktagen nach Beginn der Benutzung gilt, wenn nichts anderes vereinbart ist, das Werk als abgenommen.

Die Verjährungsfrist kann durch **Hemmung** in die Länge gezogen oder durch **Unterbrechung** sogar in voller Länge erneut zu laufen beginnen.

Eine Hemmung liegt immer dann vor, wenn der (Bau-) Unternehmer oder der Architekt im Einvernehmen mit dem Bauherrn bzw. dem Auftraggeber das Vorhandensein eines behaupteten Mangels überprüft. Die Hemmung dauert so lange fort, bis der Unternehmer oder Architekt das Ergebnis der Prüfung mitteilt oder den Mangel für beseitigt erklärt oder die Fortsetzung der Beseitigung des Mangels verweigert. Die Folge: Der Zeitraum, während dessen die Verjährung gehemmt war, wird in die Verjährungsfrist nicht mit eingerechnet.

Beantragt der Bauherr oder Auftraggeber eine gerichtliche Beweissicherung im Rahmen eines selbständigen Beweisverfahrens, dann wird die Verjährung unterbrochen. Die Folge: Mit dem Abschluß des Beweisverfahrens beginnt eine neue Verjährungsfrist in voller Länge zu laufen.

Eine Verjährungsunterbrechung tritt auch dann ein, wenn der Auftraggeber wegen seiner Gewährleistungsansprüche Klage erhebt oder wenn (Bau-) Unternehmer bzw. Architekt die Ansprüche des Bauherrn anerkennen.

Wichtig: Bloße Nachbesserungsarbeiten des Unternehmers stellen für sich genommen noch kein Anerkenntnis dar. Für die Zeit der Nachbesserung ist die Verjährung lediglich gehemmt.

Entgegen einer weit verbreiteten Auffassung ist es in der Regel mit einer Mängelanzeige gegenüber dem Unternehmer allein zur Verjährungsunterbrechung nicht getan. Hier gilt es allerdings rechtlich zu differenzieren:

Sind die Gewährleistungsansprüche verjährt, hat der Bauherr bzw. Auftraggeber aber vor Ablauf der Verjährungsfrist die Mängel angezeigt oder die Mängelanzeige an den Unternehmer abgesendet, dann steht ihm ein Leistungsverweigerungsrecht bezüglich noch offener Werklohnansprüche des Unternehmers solange zu, bis seine eigenen Gewährleistungsansprüche erfüllt sind.

Das gilt sowohl für Verträge, die dem Werkvertragsrecht des BGB, als auch für Verträge, die der VOB unterliegen.

Für die VOB gilt im übrigen: Die für Leistungen an Bauwerken vorgesehene 2jährige Verjährungsfrist, die zunächst mit Abnahme des Werks zu laufen begann, wird durch eine vor Eintritt der Verjährung erfolgte **schriftliche** Mängelanzeige mit Zugang der Anzeige erneut für volle 2 Jahre in Lauf gesetzt. Beseitigt der Unternehmer die Mängel, dann erfährt die Verjährungsfrist eine weitere Zäsur: Mit Abnahme der Gewährleistungsarbeiten beginnt die Verjährungsfrist für diese Arbeiten wiederum erneut für 2 Jahre zu laufen.

Während die Gewährleistungsansprüche für Arbeiten an Bauwerken nach BGB 5 Jahre und nach VOB im Extremfall sogar mit annähernd 6 Jahren verjähren, verjähren sowohl die Honoraransprüche des Architekten und die Werklohnansprüche des Bauunternehmers regelmäßig in 2 Jahren (§ 196 BGB).

Die Verjährung der Honoraransprüche des Architekten (aber auch des Statikers) beginnt mit dem Ende des Jahres, in dem die Architektenleistungen vollendet **und** dem Bauherrn eine prüffähige Honorarschlußrechnung übergeben wurde.

Für die Verjährungsfrist für Werklohnansprüche des (Bau-) Unternehmers gilt im Prinzip dasselbe. Sie beginnt am Schluß des Jahres, in dem die Werklohnforderung entsteht, d. h. eine ordnungsgemäße Schlußabrechnung erstellt und der Restwerklohn damit fälliggestellt wurde.

Für die Schlußzahlung des Werklohns bei vereinbarter VOB/B ist insoweit zu beachten, daß die Schlußrechnung des Unternehmers erst 2 Monate nach Zugang fällig wird. Das kann in den Fällen, in denen die Schlußrechnung zum Ende des Jahres gestellt wird, zu einer erheblichen Verlängerung der Verjährungsfrist führen.

Termine

Planung

Tätigkeiten / Besorgungen

22. KW: 1. 6.

23. KW: 2. 6. – 8. 6.

24. KW: 9. 6. – 15. 6.

Mo		2	9	16	23	30
Di		3	10	17	24	
Mi		4	11	18	25	
Do		5	12	19	26	
Fr		6	13	20	27	
Sa		7	14	21	28	
So	1	8	15	22	29	

Wichtig: _____

_____

25. KW: 16. 6. – 22. 6.

6

26. KW: 23. 6. – 29. 6.

Zähler ablesen

49

Mieteinnahmen

Tag	Mieter / Wohnung	DM
	Gesamt	

Laufende Ausgaben

Tag	Art / Zahlung an	DM
	Gesamt	

Sonstige Ausgaben

Tag	Art / Zahlung an	DM
	Gesamt	

+ Summe laufende Ausgaben _____

=   Summe aller Ausgaben _____

Tip

Home sweet home . . .

„My home ist my castle", sagt der Engländer und nimmt es damit sehr genau. Doch auch bei uns weiß man sich gegen Übergriffe auf das **Hausrecht** zur Wehr zu setzen – mit Hilfe des Gesetzes und aufgrund der Überzeugung, daß man sich zumindest in den eigenen vier Wänden von anderen, in diesem Fall also Externen, nichts gefallen lassen muß. Wenn ein ungebetener Gast in unseren Garten (Juristendeutsch: umfriedetes Besitztum) oder gar in unser Haus eindringt, kann er **mit geharnischter Gegenwehr rechnen.** Ausnahme: Er ist wesentlich stärker oder größer als wir – oder gar bewaffnet. Aber selbst wenn wir in einem solchen Fall vorübergehend und zähneknirschend klein beigeben, wissen wir, daß er im Unrecht ist. Doch nicht immer ist die Lage so eindeutig. Es gibt Konstellationen, bei denen man darüber ins Grübeln kommen kann, wem für eine Räumlichkeit das Hausrecht zusteht.

Der Schutz des Gesetzes

Das Grundgesetz schützt (in Art. 13) die Unverletzlichkeit der Wohnung und das Strafgesetzbuch hält für Hausfriedensbrecher Geld- und Freiheitsstrafen bereit. Allerdings wird eine entsprechende Straftat nur auf Antrag des Hausrechtsinhabers verfolgt. Verboten ist nach diesen Vorschriften das Eindringen und das unbefugte Verweilen in einer Wohnung – wozu natürlich auch Räumlichkeiten wie Treppen, Waschküche und Keller gehören – oder in einem Haus. Aber auch schon das Eindringen und Verweilen in das befriedete Besitztum, also Hausgarten oder Hofplatz, welches das Haus umgibt, ist strafbar.

Wer dringt ein?

Unter „Eindringen" versteht man das unbefugte, weil gegen den Willen des Hausrechtsinhabers erfolgte – Betreten. Es reicht aber auch schon, wenn jemand in den Wohnraum hineingreift, um die Sicherheitskette zu lösen oder – **alter Drücker- und Hausierertrick** – den Fuß in die Wohnungstür stellt. Wer dagegen mit dem ausdrücklich oder stillschweigend erfolgten Einverständnis des Hausrechtsinhabers die geschützten Räumlichkeiten betritt, dringt nicht ein, begeht also keinen Hausfriedensbruch. Das gilt selbst dann, wenn das Einverständnis durch eine Täuschung erschlichen wird, indem der Betreffende etwa einen Irrtum über seine Person oder seine Absichten hervorruft (der Wolf in „Rotkäppchen" beispielsweise hätte sich danach zumindest keines Hausfriedensbruchs strafbar gemacht).

Bloße Störungen des Hausfriedens von außen reichen nicht aus, wenn sie nicht mit einem Eindringen oder Verweilen gekoppelt sind. Wer gegen Türen oder Fenster schlägt, wer en passant das beliebte Klingelputzenspiel an fremden Türen betreibt oder das Telefon zu Störanrufen mißbraucht, verhält sich allemal lästig, macht sich unter Umständen auch strafbar, aber nicht im Sinne des Hausfriedensbruchs.

Wer verweilt?

Auch wer noch willkommen war, als er die „geschützten Räumlichkeiten" betrat, kann im Laufe eines Besuchs oder sonstigen Aufenthalts zum Hausfriedensbrecher werden – wenn nämlich aus seiner ehedem rechtmäßigen Anwesenheit ein „unbefugtes Verweilen" wird: Kommt es während des Aufenthalts in Haus, Hof oder Garten zu einer Mißhelligkeit oder Auseinandersetzung mit dem Hausrechtsinhaber und erfolgt von dessen Seite die Aufforderung sich zu entfernen, also ein Rauswurf, wird derjenige zum Hausfriedensbrecher, der diesem Hinweis nicht nachkommt – selbst wenn er noch die schriftliche Einladung auf Büttenpapier in Händen hält.

Wer ist Hausrechtsinhaber?

Der Eigentümer oder Mieter (s. u.) einer Wohnung oder eines Hauses ist Inhaber des Hausrechts. In der ehelichen Wohnung haben beide Ehegatten das Hausrecht (vgl. aber weiter unten die Ausführungen unter „Grenzfälle bei uns daheim"). Leben Eheleute getrennt in einer Wohnung, so hat jeder Ehegatte nur das Hausrecht an dem ihm zugewiesenen Teil der Ehewohnung. In einer WG ist jedes Mitglied der Wohngemeinschaft Inhaber des Hausrechts.

Wo ein Hausfriedensbruch keiner mehr ist

„Wenn zwei das gleiche tun, ist es noch lange nicht dasselbe". Dieser mit Recht so unbeliebte Spruch gilt auch für das Verletzen des Hausrechts. Manche dürfen unser Haus oder unsere Wohnung eben doch betreten, ohne von uns willkommen geheißen worden zu sein und ohne sich dabei strafbar zu machen. Die Rede ist vom starken Fuß – schließlich geht's hier um's Betreten – des Gesetzes. Behördliche Durchsuchungen, polizeiliche Ermittlungen, die Stippvisite des Gerichtsvollziehers zum Zwecke einer Pfändung kann auch das Hausrecht nicht verhindern, sofern sie ordnungsgemäß veranlaßt wurden.

Guck' mal wer da kommt ...!

Ein Sonderfall in Sachen Hausrecht ist beim **vermieteten Haus** bzw. der vermieteten Wohnung das **Verhältnis zwischen Mieter und Vermieter.** Indem der Eigentümer das Haus oder die Wohnung vermietet, überträgt er das Hausrecht auf den Mieter. Dringt er später gegen den Willen des Mieters oder ohne dessen Wissen in sein eigenes, aber vermietetes Haus ein, begeht selbst er einen Hausfriedensbruch.

Überraschungsbesuche des Eigentümers mit einem eventuell in seinem Besitz verbliebenen Schlüssel, „um mal nach dem Rechten zu sehen", sind also schlicht und ergreifend rechtswidrig. Auch wenn ihm das Herz blutet, wenn er nicht ab und an überprüfen kann, was aus dem schönen Parkettboden oder dem seinerzeit liebevoll angelegten Steingarten geworden ist: Das Hausrecht an einer Mietwohnung hat der Mieter.

Allerdings verbleiben dem Eigentümer – im Rahmen des Mietvertrags – einige Hausrechts-Restbestände: Er darf die Wohnung bzw. das Haus betreten, um sie, nach vorhergehender Terminvereinbarung mit dem Mieter, auf ihren vertragsgemäßen Zustand hin zu überprüfen – allerdings nicht wöchentlich. Er darf Dritten bei Vorliegen eines berechtigten Interesses, wiederum nach Terminvereinbarung mit dem Mieter, Zugang verschaffen (Nachmietern oder Kaufinteressenten zum Zwecke der Besichtigung oder einem Gutachter, wenn es um Schätzungen für eine Mieterhöhung oder geplante Umbaumaßnahmen geht). Auch darf er, im Zusammenhang mit der Erstellung der Nebenkostenabrechnung, Heizkörper, Wasserzähler etc. ablesen oder ablesen lassen.

In einem Fall darf er auch ohne Terminvereinbarung sein Eigentum betreten – bei Gefahr im Verzug: Die Badewanne läuft über, Rauch quillt aus den Ritzen, im tiefen Winter hört er von Ferne die eingefrorenen Wasserrohre ächzen oder gar springen (und weiß den Mieter auf dem warmen Mallorca). Da muß er nicht fluchend abseits stehen und hoffen, daß sein Mieter gut versichert oder flüssig genug ist, ihm den Schaden zu ersetzen. Jetzt darf er – mit oder ohne Schlüssel – in die bedrohten Räumlichkeiten stürmen und **retten was zu retten ist.** Dies dürfte allerdings im Falle eines Falles auch ein Außenstehender.

Hausrecht in Heimen

Einen anderen, nicht unkomplizierten Sonderfall bildet das Hausrecht in **Alten- und Pflegeheimen.** Hier ist jeweils zwischen dem Hausrecht der Heimleitung und dem der Heimbewohner, für die ihre Zimmer die grundgesetzlich geschützte Wohnung darstellen, abzuwägen. So kann die Heimaufsichtsbehörde die Wohn-/Schlafräume eines Bewohners nicht gegen seine Zustimmung betreten und gegenüber Besuchern der Heimbewohner ein Zutrittsverbot nur aussprechen, wenn diese Ruhe und Frieden des Heims nachhaltig stören. Einmalige Eingriffe in den Ablauf des Pflegedienstes, etwa durch Wechseln der Bettwäsche bei der im Heim untergebrachten Mutter, reichen hierfür nicht aus. Auch den **Besuch externer Krankengymnasten und Ärzte** darf die Heimleitung nicht unterbinden.

Grenzfälle bei uns daheim

Auch bei der Verteidigung der ureigenen vier Wände kommt es immer wieder zu Grenzfragen. Für die Ehewohnung haben zwar (s. o.) beide Ehegatten ein Hausrecht, doch ein Zutrittsrecht darf nur Personen gewährt werden, bei denen dies dem anderen Ehegatten zumutbar ist: Ehebrecherische **Hausfreunde** zählen nicht dazu, die darf der zum Hahnrei gemachte Ehepartner kraft Hausrechts vor die Tür setzen, es sei denn, man lebt – in einem fortgeschrittenen Stadium des Dramas – schon getrennt in der früheren Ehewohnung und der Ehebrecher hält sich in dem Teil der Wohnung auf, der dem ehebrecherischen Ehepartner zugewiesen wurde.

Wird die Geduld eines Hausherren in anderer Weise strapaziert, etwa indem ein Pkw-Fahrer wieder und wieder in der Einfahrt wendet, darf der **genervte Grundstückseigentümer** zum Abwenden dieses (gem. § 227 Abs. 2 BGB) rechtswidrigen Angriffs schon mal **zu unkonventionellen Mitteln greifen.**

Nach Ansicht des Amtsgerichts Hadamar kann er sich hier mit einem **gezielten Kartoffelwurf** zur Wehr setzen (3 C 420/94, Urteil v. 20. 12. 1994). Für den durch den Erdapfel eventuell am angreifenden Fahrzeug entstehenden Schaden haftet er nicht! Wie hieß es noch in der Einleitung: In Sachen Hausrecht ist mit uns, genau wie mit den Engländern, nicht zu spaßen!

Termine

Planung
Tätigkeiten / Besorgungen

27. KW: 30. 6. – 6. 7.

_____   _____

_____   _____

_____   _____

_____   _____

28. KW: 7. 7. – 13. 7.

_____   _____

_____   _____

_____   _____

_____   _____

29. KW: 14. 7. – 20. 7.

_____   _____

_____   _____

_____   _____

Juli

Mo		7	14	21	28
Di	1	8	15	22	29
Mi	2	9	16	23	30
Do	3	10	17	24	31
Fr	4	11	18	25	
Sa	5	12	19	26	
So	6	13	20	27	

Wichtig:

30. KW: 21. 7. – 27. 7.

31. KW: 28. 7. – 31. 7.

Zähler ablesen

Mieteinnahmen

Tag	Mieter / Wohnung	DM
	Gesamt	

Laufende Ausgaben

Tag	Art / Zahlung an	DM
	Gesamt	

Sonstige Ausgaben

Tag	Art / Zahlung an	DM
	Gesamt	

+ Summe laufende Ausgaben _____
=   Summe aller Ausgaben _____

7

Tip

Steuervorteil durch Werbungskostenpauschale

Werbungkosten müssen normalerweise durch Belege (Rechnungen oder Quittungen) nachgewiesen werden. Ab 1996 haben Vermieter von Wohnungen und Wohngebäuden die Möglichkeit, statt der tatsächlichen Werbungskosten einen Pauschalbetrag abzuziehen. Dieser Pauschalbetrag beträgt **42,– DM pro Quadratmeter vermieteter Wohnfläche.** Sofern die Voraussetzungen für den Pauschalabzug nicht für das ganze Jahr vorliegen, ist der Betrag von 42,– DM/qm entsprechend zu kürzen.

Grundsätze für die Pauschalierung

Die Pauschalierung ist nur im Rahmen der Einkünfte aus Vermietung und Verpachtung möglich.

Das Gebäude oder die Wohnung muß **zu Wohnzwecken vermietet** sein. Für Wohnungen, die nicht Wohnzwecken dienen, kommt die Pauschalierung nicht in Betracht (z. B. bei Vermietung als Praxisräume oder Büros oder bei Ferienwohnungen).

Neben dem Pauschalbetrag können noch gesondert als Werbungskosten abgezogen werden:
- Schuldzinsen und
- Abschreibungen.

Wohnflächenberechnung

Der genauen Berechnung der Wohnfläche kommt eine entscheidende Bedeutung zu. Die Wohnfläche einer Wohnung ist die Summe der anrechenbaren Grundfläche der Räume, die ausschließlich zur Wohnung gehören. Nicht in die Wohnfläche einzubeziehen ist die Grundfläche von Zubehörräumen, wie z. B. Keller, Abstellräume außerhalb der Wohnung, Dachböden, Garagen, Schuppen und ähnliche Räume.

Zur Ermittlung der Wohnfläche sind die Grundflächen von Räumen und Raumteilen mit einer lichten Höhe von mindestens 2 m voll anzurechnen, bei einer lichten Höhe von 1 bis 2 m nur zur Hälfte und unter 1 m überhaupt nicht. Wintergärten, Schwimmbäder und ähnliche nach allen Seiten geschlossene Räume rechnen nur zur Hälfte zur Wohnfläche. Die Flächen von Balkonen, Loggien, Dachgärten und gedeckten Freisitzen **können** nach § 44 Abs. 2 der II. BV zur Hälfte angesetzt werden. Dieses

Wahlrecht muß auch für die Berechnung der Wohnfläche gelten, die für den Pauschalabzug von Werbungskosten maßgebend ist.

Der volle Abzug des Pauschalbetrags ist auch möglich, wenn sich dadurch **negative Einkünfte** aus Vermietung und Verpachtung ergeben.

Sofern eine eigengenutzte Wohnung im Rahmen der sog. großen Übergangsregelung noch der Nutzungswertbesteuerung unterliegt, kann für diese Wohnung auch die Pauschalregelung für den Werbungskostenabzug in Anspruch genommen werden.

Abgegoltene Werbungskosten

Durch den Pauschalbetrag sind alle Werbungskosten mit Ausnahme der Schuldzinsen und der Abschreibung abgegolten.

Zu den neben dem Pauschalbetrag **abzugsfähigen Schuldzinsen** gehören neben den eigentlichen Zinsen für Darlehen, Grundschulden und Hypotheken auch die Finanzierungskosten und Aufwendungen für die Kreditbeschaffung, wie z. B. Damnum oder Disagio, Darlehensgebühren, Vermittlungsprovisionen für Kredite, Schätzungsgebühren, Notarkosten für Grundschuld- und Hypothekenbestellungen, Gerichtsgebühren für Grundschuldeintragung, Bereitstellungszinsen, Erbbauzinsen etc.

Zu den **Abschreibungen,** die neben dem Pauschalbetrag abgezogen werden können, gehören alle Gebäudeabschreibungen (lineare AfA, degressive AfA, erhöhte Absetzungen und Sonderabschreibungen), aber auch die Abschreibungen für Einrichtungsgegenstände.

Unter die Werbungskosten, die mit der Pauschale abgegolten sind, fallen auch die **Nebenkosten,** die der Vermieter auf die Miete umlegt, wie z. B. Heizkosten, Wasser- und Kanalgebühren. Die Nebenkosten werden mit Sicherheit zu einem Streitpunkt bei der Anwendung der Pauschalregelung werden. Der Vermieter, bei dem die Mieter einen Teil der Nebenkosten direkt zahlen (z. B. Heizöl), kommt durch die Pauschalierung günstiger weg; denn er muß diese Nebenkosten nicht als Einnahme versteuern. Trotzdem hat er vollen Pauschalabzug. Durch die Einbeziehung der Nebenkosten in die Pauschalierung wird diese in vielen Fällen unrentabel sein.

Wechsel zwischen Pauschalierung und Einzelnachweis

An die Anwendung der Pauschalierung ist der Steuerpflichtige **nicht** für einen bestimmten Zeitraum **gebunden.** Ein Wechsel von der Pauschalierung zum Abzug der tatsächlichen Aufwendungen in einem nachfolgenden Jahr ist möglich. Allerdings kann dann eine erneute Anwendung der Pauschalierung erst nach Ablauf der folgenden vier Veranlagungszeiträume erfolgen.

Beispiel:
Pauschalierung 1996 und 1997, Abzug der tatsächlichen Werbungskosten: 1998. Eine Pauschalierung wäre frühestens ab 2003 möglich.

Ausübung des Wahlrechts

Sind mehrere Personen **Miteigentümer** eines Gebäudes und sind sie an den Einkünften aus Vermietung und Verpachtung beteiligt, muß das Wahlrecht für die Pauschalierung einheitlich ausgeübt werden. Entscheiden sich z. B. bei einer Erbengemeinschaft drei von vier Miteigentümern für die Pauschalierung, müssen trotzdem die Werbungskosten für die Gemeinschaft einzeln geltend gemacht und nachgewiesen werden.

Ein Steuerzahler, der **mehrere Gebäude** besitzt, kann sich für jedes Gebäude, für jede Eigentumswohnung für oder gegen die Pauschalierung entscheiden.

Enthält ein Gebäude mehrere vermietete Wohnungen, kann das Wahlrecht nur einheitlich für diese Wohnungen ausgeübt werden. Bei mehreren **Eigentumswohnungen** in einer Wohnanlage handelt es sich um mehrere selbständige Objekte.

Das Wahlrecht wird in der Steuererklärung ausgeübt, es kann aber auch bis zur Bestandskraft des Steuerbescheids rückgängig gemacht oder auch nachträglich geltend gemacht werden.

Gestaltungsmöglichkeiten

Durch die Einführung des pauschalen Werbungskostenabzugs ergeben sich für die Vermieter eine Reihe von Gestaltungsmöglichkeiten.

Bei Erstellung der Steuererklärung können Sie leicht selbst ausrechnen, ob für Sie der pauschale Werbungskostenabzug oder die Geltendmachung der tatsächlichen Aufwendungen günstiger ist.

Stellen Sie folgende Berechnungen an:

Vermietete Wohnfläche × 42,– DM/qm	..... DM
+ Zinsen	..... DM
+ Abschreibungen	..... DM
Werbungskosten bei Pauschalierung	..... DM

Ist dieser Betrag höher als die Summe der tatsächlichen Werbungskosten, sollten Sie sich für die Pauschalierung entscheiden. Im umgekehrten Fall machen Sie die tatsächlichen Werbungskosten geltend.

Tip: Sammeln Sie auch in den Jahren, in denen Sie beabsichtigen, den Pauschalbetrag abzuziehen, alle Belege und Rechnungen. Damit können Sie sich endgültig bei Erstellung der Steuererklärung für die für Sie günstigere Abzugsmöglichkeit entscheiden.

Aufwendungen vorziehen oder zurückstellen

Läßt sich bereits vor Ablauf des Jahres absehen, daß die Pauschalierung nicht in Betracht kommt, können Aufwendungen, die durch die Pauschale abgegolten sind und die voraussichtlich im nächsten Jahr anfallen werden, vorgezogen werden (z. B. Reparaturen). Dazu ist erforderlich, daß die Zahlungen noch im alten Jahr geleistet werden. Entscheiden Sie sich dann im nächsten Jahr für die Pauschalierung, kommen Sie durch das Vorziehen steuerlich günstiger weg.

Umgekehrt kann genauso verfahren werden. In einem Jahr, für das die Pauschalierung gewählt wird, sollten Zahlungen möglichst auf das folgende Jahr hinausgeschoben werden (z. B. eine Reparaturrechnung vom November wird erst Anfang Januar bezahlt).

Problematisch wird der Abzug von **Vorauszahlungen** werden. Mit Sicherheit werden Vorauszahlungen, die ohne wirtschaftlichen Grund für mehrere Jahre im voraus geleistet werden, nicht im Jahr der Zahlung als Werbungskosten berücksichtigt.

Werden jedoch in einem Jahr für ausgeführte Reparaturarbeiten Abschlagszahlungen geleistet, weil die Handwerkerrechnung noch nicht vorliegt, kann der Abzug im Jahr der Zahlung nicht versagt werden.

Termine

Planung

Tätigkeiten / Besorgungen

31. KW: 1. 8. – 3. 8.

_____

_____

_____

_____

_____

_____

32. KW: 4. 8. – 10. 8.

_____

_____

_____

_____

_____

_____

33. KW: 11. 8. – 17. 8.

_____

_____

_____

_____

_____

August

Mo		4	11	18	25
Di		5	12	19	26
Mi		6	13	20	27
Do		7	14	21	28
Fr	1	8	15	22	29
Sa	2	9	16	23	30
So	3	10	17	24	31

Wichtig: _____

_____

_____

_____

_____

34. KW: 18. 8. – 24. 8.

_____

_____

_____

_____

8

35. KW: 25. 8. – 31. 8.

_____

_____

_____

Zähler ablesen

Mieteinnahmen

Tag	Mieter / Wohnung	DM
	Gesamt	

Laufende Ausgaben

Tag	Art / Zahlung an	DM
	Gesamt	

Sonstige Ausgaben

Tag	Art / Zahlung an	DM

Gesamt _____

+ Summe laufende Ausgaben _____
= Summe aller Ausgaben _____

8

Tip

Waldi & Co.

„Je besser ich die Menschen kenne, desto lieber sind mir die Tiere," hat einmal ein seither oft zitierter Zeitgenosse geäußert. Keine besonders menschenfreundliche Einstellung, aber wenn man bedenkt, daß in Deutschland auf je 100 Einwohner ca. 5,5 Hunde kommen, scheint der besagte Tierfreund mit seiner Ansicht nicht allein zu stehen, und der Hund, bekannt als der beste Freund des Menschen, ist der populärste Nutznießer dieser Einstellung. Allerdings ist die Zuneigung der Menschen für ihn nicht immer ein ungetrübtes Vergnügen: Man denke an **in Großstadt-Appartements „eingequetschte"** deutsche **Doggen** oder Hunderassen, die so konsequent auf bestimmte Schönheitsmerkmale wie Falten etc. hin gekreuzt werden, daß Gesundheit, Charakter und/oder Lebenserwartung auf der Strecke bleiben. Umgekehrt ist die Haltung von Hunden in der immer enger besiedelten Bundesrepublik für weniger hundebegeisterte Mitmenschen, ja selbst für Hundefreunde, nicht immer ein reines Vergnügen:

Wer hat noch nie geflucht, nachdem er auf dem Bürgersteig unversehens in einen Hundehaufen getreten war, wer noch nie einem Herrchen oder Frauchen einen schiefen Blick zugeworfen, wenn es nur begütigend **„der ist ganz brav"** säuselte, während ein Kalb mit 1,5 m Brustumfang überschwenglich an uns hochsprang oder die Nase eines im Sandkasten spielenden Kleinkindes leutselig beschnüffelte? Kurz, das Zusammenleben zwischen Mensch und Tier, besonders aber zwischen Tierhaltern und Zeitgenossen, die ohne „tierischen Umgang" gut auskommen könnten, gestaltet sich nicht immer unproblematisch.

Hundehaltung erlaubt?

Wenn ein bloßer Hundefreund die Metamorphose zum Hundehalter ins Auge faßt, stellt sich zunächst die Frage, ob er in seine Heimstatt überhaupt einen (oder gar mehrere) **Vierbeiner aufnehmen** darf. Während es im eigenen Haus kaum Probleme geben dürfte – sofern sich die Familie einigen kann – können sich in einer Mietaber auch in einer Eigentumswohnung einige Hindernisse auftürmen.

In der Mietwohnung

Wer zur Miete wohnt, sollte vor dem Hundekauf einen Blick in seinen Mietvertrag werfen. Der Vermieter kann von vorne herein die **Hundehaltung einschränken oder** sogar ganz **verbieten.** Allerdings ist ein solches Generalverbot in einem Formularmietvertrag unzulässig, es darf nur in einer nicht vorgedruckten Individualvereinbarung erfolgen. Es darf auch nicht rechtsmißbräuchlich ausgesprochen werden, indem etwa die Haltung eines benötigten Blindenhundes untersagt wird. Auch ein **Genehmigungsvorbehalt** kann vereinbart werden. Das bedeutet, vor „Anschaffung" eines Hundes muß der Vermieter gefragt werden, ob er einverstanden ist. Hier kann er sein Veto z. B. dann einlegen, wenn er keinen Kampfhund (s. zu diesem Thema auch weiter unten) im Haus wünscht, weil er eine Beeinträchtigung anderer Hausbewohner fürchtet. Ist im Mietvertrag nichts geregelt, kommt es für den Anspruch des Mieters auf Hundehaltung auf die konkret durch den Hund zu erwartenden Beeinträchtigungen an. Geht man in einem solchen Fall vor Gericht, ist der Ausgang ziemlich ungewiß (es kann im Einzelfall durchaus ins Gewicht fallen, ob der Richter ein Hundefreund ist).

In der Eigentumswohnung

Selbst in den eigenen vier Wänden ist man in der Frage „Hund: ja oder nein?" nicht unbedingt Herr seiner Entschlüsse. Bei einer Eigentumswohnung hat (– wie so oft –) die **Wohnungseigentümergemeinschaft** ein **Wörtchen mitzureden.** Ein generelles Verbot der Hundehaltung durch Mehrheitsbeschluß ist zwar unzulässig, aber Einschränkungen und Verbote wegen konkreter Störungen sind möglich. Beispielsweise kann die Zahl der pro Wohnung „haltbaren" Hunde beschränkt werden, oder das freie Herumlaufenlassen der Tiere kann innerhalb der Wohnanlage oder für Teile des Geländes (Kinderspielplatz etc.) untersagt werden. Bei Vorliegen besonderer Umstände (intensives Bellen während der Nachtruhe) kann auch die Haltung eines bestimmten Hundes untersagt werden.

Damit wären wir bei den Gründen angelangt, die so häufig dafür sorgen, daß der Hund eines Mitbürgers als störend empfunden wird – es handelt sich um die **drei großen B:** das **Bellen,** das **Beißen** und das – unsachgemäße – **Bedürfnisverrichten.**

Bellen nach Fahrplan?

Selbst ein eingefleischter Hundefreund wird lang anhaltendes Bellen oder Kläffen – gleich ob traurig-sehnsuchtsvoll oder kämpferisch-wütend – als lästig empfinden, wenn es aus der Wohnung unter oder über ihm dringt und/oder zu nachtschlafender Zeit ertönt. Hundegebell ist immer wieder ein Auslöser für **Rechtsstreitigkeiten.**

Die Zulässigkeit bzw. die **Zumutbarkeit von Hundegebell** wird nach dem konkreten Ausmaß der Störung, seiner Dauer und seiner Intensität beurteilt, auch das Wohnumfeld spielt eine Rolle. Das OLG Hamm hat in einem Fall einen **regelrechten „Bellfahrplan" ausgetüftelt,** in dem dem Hund bzw. Hundehalter Zeiten vorgeschrieben wurden, die bellfrei zu bleiben hatten, und solchen, in denen gebellt werden durfte. Andere Gerichte lehnten solche Planspiele als nicht umsetzbar ab. Doch allgemein geht die Rechtsprechung in die Richtung, daß regelmäßiges stundenlanges Gebelle – eine vage Richtgröße liegt hier bei etwa 2 Stunden – nicht erduldet werden muß. Dies ergibt sich nicht nur aus dem BGB (§§ 1004, 906), sondern auch aus den Landesimmissionsschutzgesetzen, wonach niemand durch von Tieren erzeugten Lärm mehr als nur geringfügig belästigt werden darf. Wer sich gestört fühlt, muß vor Gericht die Intensität des Bell-Lärms beweisen (Tonbandaufnahmen, Zeugen). Auch ein Attest, das eine drohende oder schon eingetretene Gesundheitsschädigung durch die Belästigung belegt, ist ein beachtliches Argument. Allerdings sollte der Gang zum Kadi nicht leichtfertig angetreten werden: Abgestellt wird auf das **Empfinden eines verständigen Durchschnittsmenschen,** und wenn Richter das Gefühl haben, ein Prozeß sei aufgrund aufgebauschter Bagatellen oder Überempfindlichkeiten ins Rollen gekommen, können sie recht ungemütlich werden.

Maulkorb-Erlaß und Leinenzwang

Kann schon das Bellen akustisch Betroffenen ganz schön unter die Haut gehen, gilt dies noch weit stärker für **das zweite „B":** das Beißen. Gefährliche Hunde sind vom Halter auf die eine oder andere Art zu sichern: Sie müssen hinter einem hohen Zaun gehalten werden, in vielen kommunalen Verordnungen gibt es einen Leinenzwang und im Einzelfall, wenn ein Vierbeiner schon unangenehm in Erscheinung getreten ist – sprich: Bißspuren hinterlassen hat – kommt **wegen individueller Gefährlichkeit** die Anordnung eines Maulkorbs für Aufenthalte in der Öffentlichkeit in Betracht. Das letzte Mittel, das allerdings unverbesserlich gefährlichen Beißern vorbehalten ist, ist die vom Gericht oder der Behörde angeordnete Einschläferung. Im übrigen haftet das Herrchen für die Schäden, die sein Hund anderen zufügt und muß für schmerzhafte Attacken auch mit Schmerzensgeld Wiedergutmachung leisten.

Die leidigen Haufen

Nicht ganz so schmerzlich wie ein Biß, aber immer wieder ärgerlich ist der **Tritt in den Hundehaufen.** Wir alle kennen die nachfolgenden Bemühungen, die Schuhsohlen mit untauglichen Instrumenten wie Gras und Papiertaschentüchern wieder „stadtfein" zu bekommen. Meist sind sie nutzlos. Auch von der Stadt aufgestellte „Hundetoilettenzubehör"-Automaten scheinen das Problem kaum zu entschärfen. Wie ist dieses braune Ärgernis rechtlich zu beurteilen? Das unbefugte „Abkotenlassen" von Hunden und die **Nichtentfernung des Kots** ist, insbesondere in öffentlichen Anlagen, bußgeldpflichtig (nach § 32 StVO und kommunalem Ordnungsrecht).

Kampfhund: der ungeliebte Rambo unter den Vierbeinern

Mag die Frage, ob Struppi aus dem 3. Stock wirklich fünfmal am Tag in stürmisches Gebell ausbrechen muß oder Hasso's Herrchen es mit dem Haufeneinsammeln immer ganz genau nimmt, noch mit einer gewissen Distanz ausgefochten werden – beim Thema Kampfhunde ist für die meisten der Spaß vorbei: Der Ruf dieser Rasse ist zu nachhaltig ruiniert, als daß sie bei dem Gros der Bevölkerung noch auf Toleranz hoffen könnten. Man sieht sie nicht nur als typische Zuhälterbegleiter, sie sind auch als gefährliche und unkontrollierbare Beißer und Killer gefürchtet, wenn nicht verhaßt. Der allgemeine Unwille gegen diese Spezies (die nicht ganz eindeutig abgegrenzt werden kann) und verschiedene folgenschwere Attacken von Pitbulls u. a., haben Behörden und Gesetzgeber zu verschiedenen, nicht immer erfolgreichen **Versuchen** veranlaßt, **die Haltung von Kampfhunden einzudämmen:** In vielen Bundesländern ist das Halten besonders gefährlicher Hunde an eine spezielle behördliche Erlaubnis, eine Art Hundeführerschein, gekoppelt, wobei zumeist nicht auf spezielle Hunderassen, wie Bullterrier o. ä., sondern auf die konkrete Gefährlichkeit des Hundes abgestellt wird. Kriterien für die Einstufung sind: Bissigkeit, gefährliches Anspringen, Neigung zum Hetzen und Reißen anderer Tiere und **Aggressionszucht und -dressur.** Liegen solche Indizien für Gefährlichkeit vor, kann neben dem Hundeführerschein u. U. auch eine Sachkundeprüfung von Haltern und Züchtern verlangt werden. Am Geldbeutel setzt dagegen der Versuch des Bremerhavener Hundesteuergesetzes an, der die **Hundesteuer für Kampfhunde auf das 20fache** der üblichen Hundesteuer **heraufsetzt.** Dies verstößt allerdings nach Ansicht von Verfassungsexperten möglicherweise gegen das im Grundgesetz verankerte Gleichheitsgebot.

Termine

Planung
Tätigkeiten / Besorgungen

36. KW: 1. 9. – 7. 9.

_____

_____

_____

37. KW: 8. 9. – 14. 9.

_____

_____

_____

38. KW: 15. 9. – 21. 9.

_____

_____

_____

September

Mo	1	8	15	22	29
Di	2	9	16	23	30
Mi	3	10	17	24	
Do	4	11	18	25	
Fr	5	12	19	26	
Sa	6	13	20	27	
So	7	14	21	28	

Wichtig:

39. KW: 22. 9. – 28. 9.

40. KW: 29. 9. – 30. 9.

9

Zähler ablesen

Mieteinnahmen

Tag	Mieter / Wohnung	DM
	Gesamt	

Laufende Ausgaben

Tag	Art / Zahlung an	DM
	Gesamt	

Sonstige Ausgaben

Tag	Art / Zahlung an	DM

Gesamt _____

+ Summe laufende Ausgaben _____
= Summe aller Ausgaben _____

9

Tip

Ende der Nutzungswert-
besteuerung naht

Wer als Eigentümer eines vor 1987 angeschafften oder fertiggestellten Zwei- oder Mehrfamilienhauses bisher nicht auf die Nutzungswertbesteuerung der eigengenutzten Wohnung oder/und einer unentgeltlich ohne gesicherten Rechtsposition überlassenen Wohnung verzichtet hat, kann die Besteuerung des Nutzungswerts und dem damit verbundenen Werbungskostenabzug nur noch bis längstens Ende 1998 beibehalten. Ab 1999 unterliegen alle eigengenutzten Wohnungen der sog. Konsumgutlösung, d. h. keine Versteuerung des Mietwertes als Einnahmen und kein Abzug der auf diese Wohnung entfallenden Aufwendungen und Abschreibungen als Werbungskosten.

Rasches Handeln ist nötig

Die Beibehaltung der Nutzungswertbesteuerung bis Ende 1998 ist nur dann sinnvoll, wenn der Nutzungswert der eigenen Wohnung in den verbleibenden Jahren insgesamt niedriger ist als die Werbungskosten. Ist dies der Fall, dann sollten Sie unbedingt alle anstehenden Reparaturen, die die eigene Wohnung betreffen, möglichst bald in Angriff nehmen, um nicht Ende 1998 in Zeitdruck zu kommen.

Beispiel:

Herr Schlau hat 1986 ein Zweifamilienhaus erworben, in dem er seit Oktober 1986 eine Wohnung vermietet hat, die andere, gleich große Wohnung, bewohnt er mit seiner Familie. Bisher hat Schlau in seinen Steuererklärungen stets den Nutzungswert seiner Wohnung mit dem gleichen Betrag angesetzt, den er als Miete für die andere Wohnung erhält. Die Werbungskosten hat er in voller Höhe abgezogen.

Herr Schlau hat festgestellt, daß in den nächsten Jahren einige größere Reparaturen am Gebäude ausgeführt werden müssen (Dachsanierung, Ausbesserung des Außenputzes und Streichen der gesamten Fassade und der Fenster, Zaunerneuerung). Geschätzte Kosten hierfür rd. 35 000,– DM. Außerdem hat Frau Schlau schon leise bei ihrem Göttergatten vorgefühlt, was er denn von einem neuen Bad und neuen Teppichböden halte. Das heißt im Klartext: ein zusätzlicher Aufwand von mindestens 15 000,– DM kommt auf Herrn Schlau zu.

Herr Schlau ist, wie schon sein Name besagt, ein kluger Mensch. Deshalb versucht er gar nicht, seiner Frau diesen Wunsch auszureden, denn er weiß aus Erfahrung, daß er damit den häuslichen Frieden gefährden würde und zudem nur einen zeitlichen Aufschub erreichen könnte. Außerdem ist ihm bekannt, daß er Reparaturaufwendungen für seine eigene Wohnung nur noch bis 1998 steuerlich absetzen kann. So fällt es ihm leichter, dem Wunsch seiner Gattin zu entsprechen.

Die gesamten Reparaturarbeiten und die Badmodernisierung werden im Jahr 1997 vollständig ausgeführt und bezahlt. Damit kann Herr Schlau den gesamten Aufwand von rd. 50 000,– DM in einem Betrag im Jahr 1997 als Werbungskosten abziehen. Es ist aber auch möglich, eine Verteilung nach § 82 b EStDV auf zwei Jahre zu wählen und jährlich 25 000,– DM als Werbungskosten geltend zu machen.

Vorsicht bei Verteilung auf mehrere Jahre

Von einer Verteilung auf 3 oder 4 oder 5 Jahre, die zwar nach § 82 b EStDV möglich wäre, ist absolut abzuraten, denn dann würde der Teil der Aufwendungen, der auf die eigengenutzte Wohnung entfällt und nicht 1997 und 1998 abgezogen wurde, steuerlich unberücksichtigt bleiben.

Würde Herr Schlau die Reparaturen und die Badmodernisierung erst nach dem 31. 12. 1998 ausführen lassen und bezahlen, könnte er von den gesamten Aufwendungen nur den auf die vermietete Wohnung entfallenden Teil als Werbungskosten abziehen. Das wären 50 % von 35 000,– DM = 17 500,– DM. Der Restbetrag von 32 500,– DM (17 500,– + 15 000,–) bliebe steuerlich unberücksichtigt.

Noch eine Alternative

Falls das Ehepaar Schlau im Jahr 1997 entsprechend hohe steuerpflichtige Einkünfte hat, könnte der Reparaturaufwand in Höhe von 50 000,– DM in voller Höhe als Werbungskosten abgezogen werden. Für 1998 könnte die Werbungskostenpauschalierung (42,– DM/qm Wohnfläche) angewandt werden. (Zur Werbungskostenpauschalierung wird auf Seite 60 verwiesen.) Möglich wäre es auch, daß bereits ab 1998 auf die Nutzungswertbesteuerung verzichtet wird, falls der Mietwert die auf die eigengenutzte Wohnung entfallenden Werbungskosten im Jahr 1998 übersteigen sollte.

Tip

Wertermittlungs-
sachverständige im Test

Jede Immobilie hat ihren individuellen Wert, und der ist so hoch wie der beim Notar festgelegte Kaufpreis. Eine andere Frage ist, was der Markt denn eigentlich hergeben würde. Ein Gutachten von einem Experten, so die landläufige Meinung, leistet dabei eine wertvolle Hilfe. Etwas in Mitleidenschaft gezogen wird die Einschätzung solcher Sachverständigen durch einen Test der Stiftung Warentest.

„Wertermittlungssachverständige arbeiten nach der Methode Pi mal Daumen, sie erstellen oberflächliche Gutachten, die nur unzureichend begründet sind und kassieren dafür überhöhte Honorare." So lautet das in der Zeitschrift FINANZtest (2/1996) veröffentlichte Fazit der Stiftung Warentest, nachdem sie sechs Sachverständige unabhängig voneinander dasselbe Einfamilienhaus im Berliner Nobelviertel Zehlendorf bewerten ließ. Die scharfe Kritik beruht vor allem auf folgenden Untersuchungsergebnissen:

- Die Sachverständigen waren sich völlig uneins in der Bewertung gleicher Sachverhalte (z. B. Restnutzungsdauern von 12 bis 50 Jahren; Sachwerte von 167 413 DM bis 461 000 DM; Marktanpassungen von minus 152 000 DM bis plus 111 344 DM).
- Die Gutachten enthielten viele, teilweise grobe Fehler (z. B. Mehrfachberücksichtigungen von wertbeeinflussenden Merkmalen; Rechte und Belastungen wurden nicht berücksichtigt).
- Die meisten Sachverständigen gaben sich nur wenig Mühe, ihre Wertansätze einzeln und nachvollziehbar zu begründen.
- Nur einer der Gutachter hielt sich an die HOAI. Alle anderen kassierten mehr.

Verblüffend ist, daß trotz der teilweise erheblich voneinander abweichenden Wertermittlungsansätze der einzelnen Sachverständigen, die für das Bewertungsobjekt ermittelten Verkehrswerte in der gleichen Größenordnung liegen. Der Grund dafür liegt nach Meinung der Stiftung Warentest in der Markterfahrung der Sachverständigen. Aufgrund dieser Markterfahrung „wird offenbar vieles mit dem Daumen gepeilt und zurechtgebogen, damit der ermittelte Wert am Ende nicht völlig realitätsfremd erscheint".

Die Untersuchung der Stiftung Warentest deckt in schonungsloser Weise auf, an welchen Mängeln die Wertgutachten häufig leiden. So kommt es oftmals vor, daß wertbeeinflussende Merkmale doppelt berücksichtigt werden. In der Untersuchung der Stiftung Warentest z. B. erhöhte ein Sachverständiger den Gebäudewert um 180 000 DM, die der Eigentümer für Instandsetzungsmaßnahmen ausgegeben hatte, obwohl die erhöhte Instandsetzung bereits im Neubauwert berücksichtigt worden war. Auch die schlichte Mißachtung von bestimmten wertbeeinflussenden Merkmalen, wie z. B. Rechten und Belastungen, ist ein Fehler, der in Wertgutachten immer wieder vorkommt.

Weiterhin leidet ein sehr großer Teil der Wertgutachten daran, daß die Wertansätze völlig unbegründet „vom Himmel fallen". Der Auftraggeber des Gutachtens ist somit nicht in der Lage, nachzuvollziehen, wie der Sachverständige zu seinem Urteil gekommen ist. Als Sachverständiger sollte man sich darüber im klaren sein, daß der Auftraggeber eine Nachbesserung des Gutachtens verlangen kann, wenn nicht alle Wertermittlungsschritte nachvollziehbar begründet sind.

Schließlich krankt die Wertermittlung daran, daß unterschiedliche Sachverständige mit völlig verschiedenen Wertansätzen zu einem in etwa identischen Verkehrswert kommen können. Es muß sich für einen Außenstehenden zwangsläufig der Verdacht ergeben, daß die Sachverständigen bereits vor der Erstellung des Gutachtens den Verkehrswert im Kopf haben und in ihren Gutachten solange mit den Zahlen herumjonglieren, bis sich dieser Verkehrswert ergibt. Diese Krankheit kann nur dadurch geheilt werden, daß die Gutachterausschüsse alle für die Wertermittlung erforderlichen Daten sachgerecht aus der Kaufpreissammlung ableiten und den Sachverständigen zur Verfügung stellen. Die Stiftung Warentest bemängelt, daß die Sachverständigen gerade nicht auf die vom zuständigen Gutachterausschuß veröffentlichten Werte zurückgegriffen haben.

Termine

Planung
Tätigkeiten / Besorgungen

40. KW: 1. 10. – 5. 10.

41. KW: 6. 10. – 12. 10.

42. KW: 13. 10. – 19. 10.

Mo		6	13	20	27
Di		7	14	21	28
Mi	1	8	15	22	29
Do	2	9	16	23	30
Fr	3	10	17	24	31
Sa	4	11	18	25	
So	5	12	19	26	

Wichtig:

43. KW: 20. 10. – 26. 10.

44. KW: 27. 10. – 31. 10.

Zähler ablesen

10

Mieteinnahmen

Tag	Mieter / Wohnung	DM
	Gesamt	

Laufende Ausgaben

Tag	Art / Zahlung an	DM
	Gesamt	

Sonstige Ausgaben

Tag	Art / Zahlung an	DM

Gesamt _____

+ Summe laufende Ausgaben _____
= Summe aller Ausgaben _____

10

Heißluft-Bekämpfung von Holzschädlingen

Was unternehmen Sie, wenn Sie in einem denkmalgeschützten Haus wohnen, mit alten wertvollen Möbeln und Kunstwerken aus Holz und nachts das berühmte Klopfen der Nagekäfer, des Anobium punktatum oder besser als Totenuhr bekannt ertönt? Wenn andere Fraßgeräusche auftreten, wenn es still ist? Oder wenn Sie gar einen Pilzbefall feststellen? Dann haben Sie die Wahl, wirksame chemische Mittel einzusetzen – oder die Schädlinge mit heißer Luft abzutöten. In der Regel fürchtet man heute Gesundheitsschäden durch Chemikalien im Innenraum so sehr, daß man das Heißluftverfahren vorzieht. Das ist sicher und bewährt, hat aber auch dort seine Grenzen, wo man früher nicht im entferntesten dran dachte, es einzusetzen.

Das Verfahren und seine Wirkung

Beim Heißluftverfahren werden mit Gebläsen vorher abgedichtete Räume und ihr Inhalt mit Lufttemperaturen von 70° C auf 100° C aufgeheizt. An der Austrittsöffnung der zuführenden Rohre dürfen maximal Temperaturen von 120° C auftreten. Die Behandlung dauert je nach Aufgabe 4 bis 10 Stunden. An allen Stellen der zu behandelnden Bereiche müssen mindestens 60 Minuten lang 55° C erreicht werden.

Die Bekämpfung von Insekten

Alle Stadien des **Hausbockes (Hylotrupes bajules)**, also Eier, Larven, Puppen und Käfer werden durch Eiweißgerinnung bei einer Temperatur von 55° C innerhalb von maximal 90 Minuten abgetötet. Man geht davon aus, daß bereits Temperaturen von 54° C nach rund 20 Minuten ausreichen, um eine Erholung und ein Wiederaufleben der Insekten, bzw. deren Vorstufen auszuschließen.

Bei **Nagekäfern (Anobium punktatum)** und anderen Insekten ist von analogen Werten auszugehen. Man muß jedoch beachten, daß je nach Holzart und Querschnitte längere Einwirkungszeiten nötig werden. Mit 40 Minuten Temperaturbelastung an der innersten Stelle der Querschnitte wird eine ausreichende Schädigung eintreten.

Die Bekämpfung von Pilzbefall

Beim Auftauchen von Pilzbefall muß zuerst die Quelle der Durchfeuchtung ausgeschaltet und die Befallszone ausgetrocknet werden. Mulm ist zu entfernen, statisch geschwächte Stellen sind zu ergänzen. Beim **Kellerschwamm (Coniophora puteana)**, der bei Bauholz Fäulnis verursacht, werden zur Abtötung des Mycels in trockener Luft bei Temperaturen von 80° C rund 120 Minuten benötigt, wobei Aufheizzeiten nicht mitzurechnen sind.

Beim **Hausschwamm (Sepula lacrymans)** stirbt das Mycel bei Temperaturen von 50° C nach rund 60 Minuten ab. Der Echte Hausschwamm kann jedoch mit seinem Mycel Wände, vor allem Mauerwerk durchdringen. Die großen Querschnitte von Balken und die beachtlichen Massen des Mauerwerks können jedoch von der heißen Luft nur sehr schwer aufgeheizt werden – zum anderen ist die Temperaturmessung problematisch.

Die **Sporen** sind wesentlich widerstandsfähiger, beim Kellerschwamm tritt eine Abtötung in trockener Luft erst bei einer Temperatur von 60° C nach 180 Minuten auf, bei 80° C nach rund 45 Minuten. Beim Echten Hausschwamm muß bei einer Temperatur von 80° C mit rund 4 bis 8 Stunden gerechnet werden. Das sind Werte, die nur sehr schwer zu erreichen sind.

Besonders eine langandauernde Heißluftbehandlung kann Rißbildung im Holz, Verformungen und Putzrisse bewirken, besonders gefährdet sind Stuckdecken. Auch Kunststoffleitungen, z.B. im elektrischen Bereich, sind gefährdet. Brandgefahren bestehen erst bei Temperaturen weit oberhalb von 200° C.

Die Heißluftbehandlung in Trockenkammern

Holzverarbeitungsbetriebe haben technische Trockenkammern oft beachtlicher Größe und Länge, in denen auch schwierige Hölzer getrocknet werden können. Allerdings gehören dazu viel Fachwissen und eine jahrelange Erfahrung. Durch die Beigabe von Wasserdampf läßt sich in diesen Kammern ein Klima erzeugen, bei dem Risse, Verzug und andere Schäden weitgehend ausgeschaltet werden können. Man kann ohne Gefahren sogar befallenes Holz bei Trockenchargen von frischen zugeben.

Tip

Die **Behandlungszeiten** in technischen Trockenkammern richten sich nach der Art des Befalles, der Holzart und den Ausmaßen der Querschnitte. Bei Mindesttemperaturen von 55° C rechnet man bei Eiche einschließlich Aufheizzeit mit 3 Stunden je cm Dicke, bei anderen Laubhölzern etwas weniger. Bei altem Bauholz wird eine Temperatur von 70° C gewählt und eine Ausgleichsfeuchte von 15 %, dann sollte die Trockenzeit bei rund 2 Stunden je cm Dicke liegen. Diese Zeiten sollten nicht überschritten werden, um das Holz nicht zu stark zu belasten.

Die Heißluftbehandlung in Trockenkammern mit entsprechenden Klimatisierungseinrichtungen hat sich besonders bei Anobienbefall sehr gut bewährt – allerdings vertragen alte Leime eine derartige rüde Behandlung nicht, die Fugen werden aufgehen, Furniere werden sich lösen. Ähnlich problematisch sind Oberflächenbehandlungen, wenn sie höheren Temperaturen ausgesetzt werden.

Die Erfahrungen

Die Ergebnisse der letzten Jahrzehnte zeigen, daß mit einem Heißluftverfahren – gleich ob mit den üblichen Heißluftgebläsen oder mit technischen Trockenkammern dann bei Insektenbefall gute Ergebnisse erzielt werden können, wenn die nötigen Temperaturen ausreichend lang erreicht werden können.

Wie weit eine Heißluftbehandlung einen Wiederbefall ausschließen kann ist umstritten. Einmal ist ein Neubefall z. B. beim Hausbock bei altem Holz nicht sehr wahrscheinlich, zum anderen wurde vermulmter Splint ja abgebeilt. Bei einer jeden positiven Aussage ist zumindest Vorsicht geboten.

Pilzbefall kann mit dem üblichen Heißluftverfahren nicht mit Sicherheit beseitigt werden. Das gilt aber, zumindest für den Echten Hausschwamm beim Befall von Mauerwerk auch für die chemische Behandlung. Sicherer ist hier der Einbau von Betonsperrschichten und der Verzicht auf organisches Material. Der Echte Hausschwamm kann mit seinem Mycel weite Strecken durch das Mauerwerk bis zu den gefährdeten Hölzern wandern.

Alles in allem – die Heißluftbehandlung zur Abtötung von Holzschädlingen ist zweifellos ein bewährtes Verfahren, wenn auch kein billiges. Man muß nur die natürlichen Einsatzgrenzen beachten.

Holzquerschnittstemperaturen beim Heißluftverfahren zur Bekämpfung von Holzschädlingen und deren Abtötungswirkung

Bei den heute üblichen Querschnittstemperaturen von 55° C über 60 Minuten liegt zwar der Abtötungsbereich für Insekten in dieser Zone, die Eiweißgerinnungsbelastung aber außerhalb. Deshalb ist die Einhaltung der Dauerbelastung wesentlich, um eine Erholung geschädigter Insekten – in allen Stadien der Entwicklung – zu vermeiden. Für die Abtötung der Mycels des Echten Hausschwammes reicht die Belastung aus, für das des Kellerschwammes nicht. Gleiches gilt für die Sporen, die z. B. beim Echten Hausschwamm außerordentlich widerstandsfähig sind. Die Skizze zeigt deutlich, daß auch gute, zweckmäßige und bewährte Verfahren ihre Grenzen haben, die stets zu beachten sind.

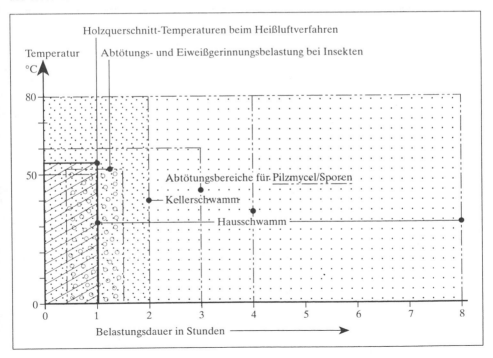

Termine

Planung
Tätigkeiten / Besorgungen

44. KW: 1. 11. – 2. 11.

45. KW: 3. 11. – 9. 11.

46. KW: 10. 11. – 16. 11.

Mo		3	10	17	24
Di		4	11	18	25
Mi		5	12	19	26
Do		6	13	20	27
Fr		7	14	21	28
Sa	1	8	15	22	29
So	2	9	16	23	30

Wichtig:

_____

_____

_____

_____   _____

_____   _____

_____   _____

47. KW: 17. 11. – 23. 11.
_____   _____

_____   _____

_____   _____

_____   _____

_____   _____

48. KW: 24. 11. – 30. 11.
_____   _____

_____   _____

_____   _____

_____   _____

Zähler ablesen
_____   _____

11

Mieteinnahmen

Tag	Mieter / Wohnung	DM
	Gesamt	

Laufende Ausgaben

Tag	Art / Zahlung an	DM
	Gesamt	

Sonstige Ausgaben

Tag	Art / Zahlung an	DM

Gesamt _____

+ Summe laufende Ausgaben _____
= Summe aller Ausgaben _____

11

Die Studentenbude für die Kinder

Mieten die Eltern für das studierende Kind am Studienort eine Wohnung oder eine „Studentenbude", können sie die **Mietaufwendungen** nicht steuermindernd geltend machen; sie sind mit dem Ausbildungs- und dem Kinderfreibetrag abgegolten.

Hier hatte der BFH (Urteil v. 28. 3. 1995, BStBl 1996 II S. 59) einen eleganten Weg aufgezeigt, doch noch zu Steuerersparnissen zu kommen: Die Eltern **erwerben** eine geeignete Wohnung und vermieten diese – ggf. nur zur Hälfte der Marktmiete (§ 21 Abs. 2 Satz 2 EStG) – an das Kind. Da das Kind die Miete aus eigenem Einkommen und Vermögen aufbringen muß, schenken ihm die Eltern Barmittel, die bei einer Bank festgelegt und im Rahmen eines sog. Sparplans in Monatsbeträgen an das Kind ausgezahlt werden. Die Höhe der Schenkung können die Eltern so festlegen, daß die Beträge während der Dauer des Studiums gerade für die Mietzahlungen ausreichen. Anders als der BFH ist die Verwaltung der Meinung, die Eltern würden bei dieser Konstruktion ungerechtfertigte Steuervorteile in Anspruch nehmen.

Die Finanzämter sind deshalb per Nichtanwendungserlaß angewiesen worden, diese Modelle entgegen der Rechtsprechung weiterhin nicht anzuerkennen (BMF, Schreiben v. 22. 1. 1996, BStBl I S. 37).

Rechtliche Begründung: Es liege eine mißbräuchliche Gestaltung i. S. d. § 42 AO vor, weil die Eltern mit der Geldschenkung lediglich im voraus ihre **Unterhaltspflichten** gegenüber dem Kind erfüllen. Leider macht der Erlaß nicht deutlich, unter welchen Voraussetzungen genau eine Vermietung an ein studierendes oder ein sonst in Ausbildung stehendes oder etwa arbeitsloses Kind anzuerkennen ist.

Empfehlungen für die Praxis

Wie soll man sich als Steuerzahler in dieser unklaren Rechtslage verhalten? Haben die Eltern den Sachverhalt bereits nach dem vom BFH abgesegneten Modell gestaltet, ist für **zurückliegende Jahre** zu empfehlen, **Einspruch** einzulegen und ggf. den Rechtsweg zu beschreiten. Andernfalls nehmen die Eltern unnötige Nachteile für den Fall in Kauf, daß der BFH an seiner großzügigen Auffassung festhalten sollte.

Wo der Sachverhalt noch nicht realisiert ist, dürfte es jedoch im Zweifel vorzuziehen sein, **andere Gestaltungen** zu wählen, die nicht mit so hohen rechtlichen Risiken verbunden sind. Bisher liegt nämlich zu dem oben vorgestellten Gestaltungsmodell nur eine einzige Entscheidung des BFH vor, die zudem von der früheren, strengeren Rechtsprechung abweicht. Die Einwendungen der Finanzverwaltung erscheinen sachlich nicht ganz unberechtigt. Es ist deshalb durchaus denkbar, daß der BFH wieder auf eine strengere Linie einschwenken wird. Aus diesem Grunde sollten auch diejenigen Eltern, die bereits das Steuersparmodell des BFH realisiert haben, darüber nachdenken, ob für künftige Jahre eine Änderung vorzunehmen ist.

Welche Möglichkeiten bestehen, bei erstmaliger Gestaltung steuerliche Vergünstigungen für die auswärtige Unterbringung des Kindes zu erhalten?

● Verfügen die Eltern über ausreichendes Einkommen oder Vermögen, liegt ein Weg darin, dem Kind so viel an Einkommen oder Vermögen zu übertragen, daß dieses nicht nur die Miete, sondern seinen **gesamten Lebensunterhalt** aus eigenen Einkünften bestreiten kann. Dieses Modell ist allerdings mit dem Nachteil verbunden, daß nicht nur der Ausbildungsfreibetrag, sondern meist wegen der neuen Einkommensgrenze auch der **Kinderfreibetrag** verloren geht. An den Kinderfreibetrag knüpfen u. U. noch weitere steuerliche Vergünstigungen an, z. B. der Haushaltsfreibetrag, das Baukindergeld bzw. die neue Kinderzulage und ggf. die Übertragung eines Behinderten-Pauschbetrags.

● Erwerben die Eltern die Wohnung, die das Kind nutzen soll, nach dem 31. 12. 1995 und verlangen sie keine Miete, steht ihnen grundsätzlich die neue **Eigenheimzulage** für diese Wohnung zu. Das unentgeltliche Überlassen an einen Angehörigen wird einer Eigennutzung gleichgestellt (§ 4 Abs. 2 EigZulG). Voraussetzung ist allerdings, daß der Begünstigung nicht die Objektbeschränkung und die Einkommensgrenze entgegenstehen. Die **Kinderzulage** für das die Wohnung nutzende Kind steht den Eltern allerdings nicht zu; möglicherweise wird die Kinderzulage aber für andere Kinder gezahlt, die noch zum Familienhaushalt der Eltern gehören. Diese Auffassung hat die Verwaltung beim Baukindergeld, also für die nach § 10 e EStG begünstigten Wohnungen, vertreten.

Der Gesichtspunkt des Objektverbrauchs läßt diese Gestaltung oft auch nachteilig erscheinen, wenn die Eltern die Vergünstigung noch für ein Objekt in Anspruch nehmen können. Planen die Eltern, in den nächsten Jahren für eigene Wohnzwecke eine andere Wohnung zu erwerben oder zu errichten, würden ihnen die Vergünstigungen für dieses geplante Objekt verlorengehen, wenn sie mit der unentgeltlich an das Kind überlassenen Wohnung den letzten zulässigen Objektverbrauch in Anspruch nehmen. Für die Familienwohnung werden u. U. mehr Kinderzulagen gezahlt. Außerdem können die Vergünstigungen dabei in aller Regel für den vollen 8jährigen Begünstigungszeitraum ausgeschöpft werden, während bei der Wohnung des studierenden Kindes die Zulage oft nur für einzelne Jahre gezahlt wird, wenn die Berufsausbildung des Kindes vor Ablauf des 8-Jahres-Zeitraums endet.

- Erwirbt das **Kind** selbst die Wohnung, hat es Anspruch auf die Eigenheimzulage. Eine Kinderzulage kommt in diesem Fall nicht in Betracht, es sei denn, der studierende Sohn/die Tochter hat bereits eigene Kinder. Vorteilhaft ist bei dieser Gestaltung, daß bei den Eltern kein Objektverbrauch eintritt. Dafür tritt allerdings bei dem Kind Objektverbrauch ein. Meist wirkt sich das bei dem Kind aber nicht so gravierend aus, weil es in den nächsten Jahren ohnehin finanziell nicht in der Lage ist, noch eine andere Wohnung zu bauen oder zu kaufen. Außerdem kann nach einer Heirat ein weiterer Objektverbrauch zulässig werden.

  Grundsätzlich kann das Kind die Wohnung auch aus **geschenkten Mitteln** der Eltern erwerben. Dabei müssen diese jedoch sorgfältig darauf achten, daß keine mittelbare Grundstücksschenkung anzunehmen ist. Je nach Lage des Sachverhalts kann eine Belastung mit Schenkungsteuer entstehen.

- Denkbar ist auch, daß ein **anderer Angehöriger,** z. B. die Großeltern oder ein Onkel, die Wohnung am Studienort erwirbt und dem studierenden Kind entweder entgeltlich (Ausweis eines Vermietungsverlustes) oder unentgeltlich (Eigenheimzulage) überläßt. Bei einer unentgeltlichen Überlassung steht dem Eigentümer u. E. für die Kinder, die in seinem Familienhaushalt leben, die Kinderzulage zu.

  Der Vorteil dieses Gestaltungsmodells liegt darin, daß es keine eigenen Einkünfte und Bezüge des Kindes voraussetzt. Wenn die Eltern gleichwohl, z. B. wegen der damit verbundenen Steuerersparnis, Einkünfte auf das studierende Kind verlagern, können sie den Betrag der verlagerten Einkünfte ohne weiteres so begrenzen, daß die Einkommensgrenze (Einkünfte und Bezüge des Kindes von 12 000 DM) nicht überschritten wird.

- Wollen andere Angehörige, z. B. die Großeltern, das Kind während des Studiums unterstützen, liegt eine mögliche Gestaltungsvariante darin, daß sie die Wohnung von den Eltern anmieten und dann unentgeltlich dem Kind überlassen. Für die Eltern gehen dabei der Ausbildungsfreibetrag und der Kinderfreibetrag nicht verloren. Aus der Vermietung weisen sie unter Umständen einen hohen Vermietungsverlust aus, insbesondere, wenn sie die degressive Gebäude-AfA (§ 7 Abs. 5 Nr. 3 b EStG) in Anspruch nehmen können und hohe Schuldzinsen wegen einer Fremdfinanzierung als Werbungskosten abgezogen werden. Diese Gestaltung kann u. E. nicht als mißbräuchlich angesehen werden.

Spekulationsgewinn

Gewinne aus dem Verkauf von Immobilien sind steuerfrei, wenn zwischen Kauf und Verkauf des Grundstücks ein Zeitraum von **mehr als zwei Jahren** liegt. Ebenso wie Veräußerungsgewinne werden auch Verluste bei der Veräußerung steuerlich nicht berücksichtigt, wenn die Immobilie mehr als zwei Jahre behalten wurde. Wenn ein Steuerzahler aber eine Immobilie innerhalb von zwei Jahren nach dem Kauf wieder verkauft und dabei einen Gewinn erzielt oder einen Verlust erleidet, liegt ein sog. Spekulationsgeschäft vor (§ 23 EStG). Spekulationsgewinne bleiben steuerfrei, wenn sie im Kalenderjahr insgesamt **unter 1 000 DM** liegen. Betragen sie jedoch 1 000 DM oder mehr, ist der gesamte Betrag steuerpflichtig (§ 23 Abs. 3 EStG). Bei Eheleuten steht jedem die Freigrenze von 1 000 DM zu, vorausgesetzt, jeder hat entsprechende Gewinne.

Achtung: Wer nach dem 31. 7. 1995 ein Haus oder eine Eigentumswohnung anschafft und innerhalb der zweijährigen Spekulationsfrist wieder veräußert, muß als Spekulationsgewinn nicht nur – wie bisher – die Differenz zwischen Verkaufspreis und Anschaffungskosten versteuern. Der Spekulationsgewinn erhöht sich um die in Anspruch genommenen **Abschreibungen, erhöhte Abschreibungen** und **Sonderabschreibungen** (§ 23 Abs. 3 Sätze 1 und 2 EStG). Wer also eine Immobilie innerhalb der Spekulationsfrist zum Einstandspreis veräußert, muß die aus den Abschreibungen erzielen Steuervorteile wieder an das Finanzamt zurückzahlen.

Beispiel

Steuerzahler A erwirbt Anfang 1996 eine Eigentumswohnung, die er Mitte 1997 zum Einstandspreis weiterveräußert. In der Zwischenzeit vermietet A die Wohnung und nimmt in der Zeit von Januar 1996 bis Juni 1997 bei seinen Einkünften aus Vermietung und Verpachtung Abschreibungen von 15 000 DM in Anspruch. A erzielt einen steuerpflichtigen Spekulationsgewinn von 15 000 DM.

Nicht betroffen von dieser Regelung sind Steuerzahler, die ein Haus oder eine Eigentumswohnung **selbst nutzen** und dann innerhalb von zwei Jahren verkaufen. Als steuerpflichtiger Veräußerungsgewinn gilt hier nur die Differenz zwischen dem Verkaufspreis und den Anschaffungskosten – Abschreibungen werden nicht berücksichtigt.

Termine

Planung
Tätigkeiten / Besorgungen

49. KW: 1. 12. – 7. 12.

_____

_____

_____

50. KW: 8. 12. – 14. 12.

_____

_____

_____

51. KW: 15. 12. – 21. 12.

_____

_____

_____

Mo	1	8	15	22	29
Di	2	9	16	23	30
Mi	3	10	17	24	31
Do	4	11	18	25	
Fr	5	12	19	26	
Sa	6	13	20	27	
So	7	14	21	28	

Wichtig: _____

_____

52. KW: 22. 12. – 28. 12.

53. KW: 29. 12. – 31. 12.

Zähler ablesen

Mieteinnahmen

Tag	Mieter / Wohnung	DM
	Gesamt	

Laufende Ausgaben

Tag	Art / Zahlung an	DM
	Gesamt	

Sonstige Ausgaben

Tag	Art / Zahlung an	DM
		Gesamt

+ Summe laufende Ausgaben _____

= Summe aller Ausgaben _____

Einspruch einlegen

Wir haben für Sie wieder die für den Haus- und Wohnungseigentümer wichtigsten beim BFH anhängigen Verfahren zusammengestellt. Sollte in einem vergleichbaren Fall Ihr Finanzamt zu Ihren Ungunsten entscheiden, so legen Sie gegen den entsprechenden Steuerbescheid innerhalb eines Monats nach Erhalt des BescheidsEinspruch ein. Beantragen Sie unter Hinweis auf das Aktenzeichen oder die Fundstelle das Ruhen Ihres eigenen Verfahrens bis zum Vorliegen der BFH-Entscheidung.

Übersicht über die wichtigsten Verfahren, die beim Bundesfinanzhof anhängig sind

Rechtsfrage / Sachverhalt	Aktenzeichen	Fundstelle
Einkünfte aus Vermietung und Verpachtung		
Wie sind die Einkünfte bei Vermietung einer Ferienwohnung unter Einschaltung eines örtlichen Vermietungsbüros zu ermitteln?	IX R 12/96	Urt. d. FG Kassel Az.: 1995-12-06 13 K 1708/95
Stellt der Mietvertrag mit dem unterhaltsberechtigten Sohn über die Einliegerwohnung eines Zweifamilienhauses einen Gestaltungsmißbrauch i. S. des § 42 AO dar?	IX R 20/94	Urt. d. FG Kiel, Az.: 1994-01-27 V 13/93
Sind bei Vermietung von fünf Ferienwohnungen am gleichen Ort die Leerstandszeiten aller Wohnungen als Selbstnutzungszeiten zu behandeln?	IX R 81/94	Urt. d. FG Kiel, Az.: 1994-02-22 V 978/93
Kann der auf einem Fehler des Steuerberaters beruhende irrtümliche Verzicht auf die Nutzungswertbesteuerung zurückgenommen werden?	IX R 10/95	EFG 1995 S. 1028
Liegt bei der Übertragung eines Zweifamilienhauses vom Vater auf die Tochter ein Gestaltungsmißbrauch i. S. des § 42 AO vor, wenn der Kaufpreis in unverzinslichen Monatsraten zu 500,– DM (Dauer 23 ½ Jahre) getilgt und eine der beiden Wohnungen an den Vater unter Verrechnung der Tilgungsrate von 500,– DM Monatsmiete vermietet wird?	IX R 12/94	Urt. d. FG Hannover, Az.: 1993-09-16 II 368/88
Wie ist der Kaufpreis einer Eigentumswohnung auf Gebäude und Grund und Boden aufzuteilen?	IX R 31/95	Urt. d. FG Kassel, Az.: 1995-03-16 8 K 1121/94
Sind die Aufwendungen für den Umbau eines Zweifamilienhauses in ein Einfamilienhaus und die gleichzeitige grundlegende Renovierung kein Erhaltungsaufwand, sondern in vollem Umfang Herstellungsaufwand?	IX R 66/95	Urt. d. FG Köln, Az.: 1995-03-28 7 K 2008/89

Rechtsfrage / Sachverhalt	Aktenzeichen	Fundstelle
Sind die Zinsen für ein teils vermietetes und teils eigengenutztes – als Zweifamilienhaus bewertetes – Doppelhaus im Verhältnis der Herstellungskosten beider Haushälften aufzuteilen, auch wenn die Abwicklung der Herstellungskosten über getrennte Bankkonten erfolgte?	IX R 44 /95	Urt. d. FG Kiel, Az.: 1995-06-23 III 922/93
Können bei einem teils selbstgenutzten und teils vermieteten Haus die Zinsen für ein Darlehen vorrangig dem vermieteten Teil zugeordnet werden?	IX R 44/95	EFG 1996 S. 313
Kann anschaffungsnaher Herstellungsaufwand auch dann vorliegen, wenn erhebliche Modernisierungsmaßnahmen erst nach Ablauf von drei Jahren nach der Anschaffung des Gebäudes ausgeführt werden?	IX R 9/96	EFG 1996 S. 320

Grundförderung nach § 10 e EStG

Ist in die Bemessungsgrundlage für die Grundförderung für einen Dachgeschoßausbau auch die Altsubstanz des Gebäudes einzubeziehen?	X R 29/93	EFG 1993 S. 651
Können bei teilentgeltlichem Erwerb eines Einfamilienhauses nachträgliche Herstellungskosten nur anteilig oder in voller Höhe in die Bemessungsgrundlage für den Abzugsbetrag nach § 10 e EStG einbezogen werden?	X R 149/94	EFG 1995 S. 251
Stellt der Umbau zweier (kleinerer) Wohnungen in eine größere Wohnung einen in vollem Umfang nach § 10 e Abs. 2 EStG begünstigten Ausbau dar und können dementsprechend Vorkosten in voller Höhe abgezogen werden oder nur insoweit als neuer Wohnraum geschaffen wurde?	X R 102/95	EFG 1995 S. 967

Vorkosten nach § 10 e Abs. 6 EStG

Sind die Aufwendungen für die Beseitigung versteckter Mängel eines im Zwangsversteigerungsverfahren erworbenen Gebäudes sofort abziehbare Vorkosten gem. § 10 e Abs. 6 EStG oder anschaffungsnaher Herstellungsaufwand?	X R 89/95	Urt. d. FG Münster, Az.: 1994-09-29 2 K 6891/91 E

Jahresübersicht Ausgaben

Laufende Ausgaben

	DM	DM

Steuern / Abgaben
Grundsteuer

Finanzierung

Versicherungen
Gebäude
Hausrat

Nebenkosten
Wasser / Abwasser
Strom
Müllabfuhr
Kaminkehrer

Gesamt

Sonstige Ausgaben
(Reparaturen, Renovierung, Anbau, Inneneinrichtung, Garten, Kleinteile

Art /Zahlungen an	DM

Art / Zahlungen an	DM

Gesamt _____

+ laufende Ausgaben gesamt _____
= Ausgaben gesamt _____

Vermietung

	Wohnung		
Mieter			
neuer Mieter			
ab			
Kaution			
geändert am			
auf			
Miete			
geändert am			
auf			
Nebenkosten-vorauszahlung			
geändert am			
auf			
Nach-/ Rückzahlung			
Einnahmen			

Mieteinnahmen gesamt _____

Muster einer Nebenkosten-Abrechnung

Mieter _____

Abgerechnete Wohnung _____

Wohnfläche _____ qm, entspricht _____ % der Gesamtwohnfläche

Grundsteuer lt. Grundsteuerbescheid vom ____ DM _____
Umlageschlüssel _____ _____

Wasser- und Abwassergebühren
Gesamtbetrag lt. Rechnung vom _____ DM _____
Umlageschlüssel _____ _____

Heizung und Warmwasser
lt. Abrechnung vom _____ _____

Müllgebühren
Gesamtbetrag lt. Gebührenbescheid vom ____ DM _____
Umlageschlüssel _____ _____

Allgemeinstrom
Gesamtkosten lt. Rechnung vom _____ DM _____
Umlageschlüssel _____ _____

Versicherungen
Gebäude lt. Rechnung vom _____ DM _____
Haftpflicht lt. Rechnung vom _____ DM _____
Öltank lt. Rechnung vom _____ DM _____
Leitungswasser lt. Rechnung vom _____ DM _____
_____ DM _____
_____ DM _____
                            Gesamtbetrag DM _____
Umlageschlüssel _____ _____

Summe der Nebenkosten _____
abzüglich Vorauszahlungen (12 × DM _____) ./. _____

Nachzahlungs- / Rückzahlungsbetrag _____

Zahlungsverpflichtungen

Bank-, Bausparkassen-, Privatdarlehen

Darlehens-geber	Vertragsab-schluß, -Nr.	Darlehens-betrag	Lauf-zeit	monatl. Zahlungen

Bausparguthaben

Bauspar-kasse	Vertrags-nummer	Bauspar-summe	Zuteilungs-reif vorauss.	Guthabenstand am _____

Daueraufträge / Einzugsermächtigungen

Empfänger	Betrag	Fällig jew. am	Bank	Empf.-Konto

Verbrauch im Jahresverlauf

	Strom (kwh)		Gas (m³)		Öl (l)		Wasser (m³)	
	Zähler	Verbr.	Zähler	Verbr.	Zähler	Verbr.	Zähler	Verbr.
31.12.96								
31.01.97								
28.02.97								
31.03.97								
30.04.97								
31.05.97								
30.06.97								
31.07.97								
31.08.97								
30.09.97								
31.10.97								
30.11.97								
31.12.97								
	gesamt		gesamt		gesamt		gesamt	

Abrechnungs-
zeitraum 96/97

Kosten
1997

Abrechnungs-
zeitraum 96/97

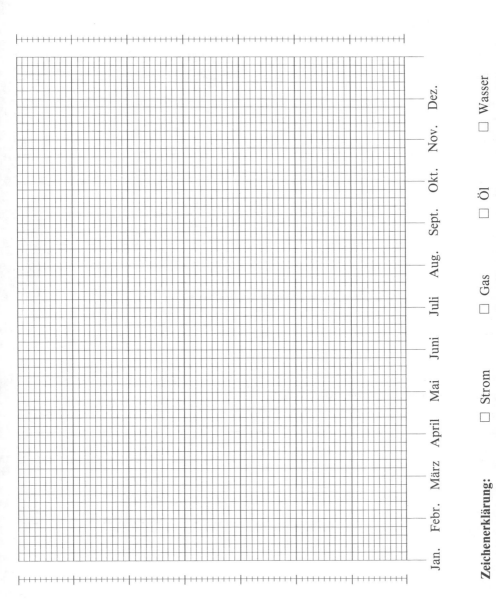

Zeichenerklärung: ☐ Strom ☐ Gas ☐ Öl ☐ Wasser

Jan. Febr. März April Mai Juni Juli Aug. Sept. Okt. Nov. Dez.

Wartung

Gerät / Anlage	W.-Vertrag mit	Wartungs-rhythmus	W. durchgeführt am _____ von _____

Anmerkungen für den nächsten Termin

Steuerliche Förderung
für eigengenutzte Wohnungen

Alle zum Ausfüllen notwendigen Erläuterungen finden Sie in dem Beitrag „Steuerbegünstigungen für eigengenutzte Wohnungen" auf Seite 28 ff.

Eigenheimzulage
(Voraussetzung:
Kaufvertrag oder Bauantrag nach dem 26. 10. 1995)

Begünstigungszeitraum: 8 Jahre

Beginn _____ Ende _____

Fördergrundbetrag:

Bemessungsgrundlage (maximal 100 000, – DM) _____ DM
Fördersatz: 5 % (Neubau)
                 2,5 % (Altbau)
Förderbetrag jährlich (maximal 5 000, – DM bzw. 2 500, – DM) _____ DM

Öko-Zulage:

a) Solaranlagen, Wärmepumpen, Wärmerückgewinnungsanlagen
   Bemessungsgrundlage _____ DM
   Fördersatz: 2 % (Neubau)
   Zulage (höchstens 500, – DM) _____ DM
b) Niedrigenergiehäuser
   Zulage pauschal jährlich: 400, – DM _____ DM

Kinderzulage:

Zahl der Kinder: _____
Zulage pro Kind: 1 500, – DM
Zulage insgesamt: _____ DM

Eigenheimzulage insgesamt: _____ DM

Vorkostenabzug (§ 10i EStG)

a) Vorkostenpauschale   3 500, – DM
b) Erhaltungsaufwendungen
   (maximal 22 500, – DM)   _____ DM

Grundförderung (§ 10e EStG)
(Voraussetzung:
Anschaffung oder Bauantrag vor dem 1. 1. 1996)

Begünstigungszeitraum: 8 Jahre
Beginn _____ Ende (6 %) _____
                      Ende (5 %) _____
Bemessungsgrundlage   _____ DM
Abzugsbetrag (5 % / 6 %) _____ DM _____ DM

Aufwendungen bis zum Beginn der erstmaligen Eigennutzung (Vorkosten)
(§ 10e Abs. 6 EStG)

Vorkosten-Abzugsbetrag   _____ DM

Baukindergeld
(§ 34f EStG)

Abzugszeitraum: 8, maximal 12 Jahre (bei Vor- und Rücktrag)

Zahl der Kinder _____
Abzugsbetrag je Kind   _____ DM
Abzugsbetrag insgesamt   _____ DM

Steuerbegünstigung für zu eigenen Wohnzwecken genutzte Baudenkmale und Gebäude in Sanierungsgebieten und städtebaulichen Entwicklungsbereichen
(§ 10f EStG)

Begünstigungszeitraum: 10 Jahre

Beginn _____ Ende _____
Begünstigte Aufwendungen   _____ DM
                              davon 10 % _____ DM

Sonderausgabenabzug nach § 7 Fördergebietsgesetz

Abzugszeitraum: 10 Jahre

Beginn _____ Ende _____
Aufwendungen (Höchstbetrag 40000, – DM)   _____ DM
                              davon 10 % _____ DM

Abschreibungen / Sonderabschreibungen

§ 7 Abs. 4 EStG:

Lineare Abschreibung für Gebäude

Bei Fertigstellung vor dem 1. 1. 1925: 2,5 v. H. der BMG

Bei Fertigstellung nach dem 31. 12. 1924: 2 v. H. der BMG

BMG (Bemessungsgrundlage): Anschaffungs- oder Herstellungskosten; bei Gebäuden in den neuen Bundesländern evt.: Zeit- oder Verkehrswert am 1. 7. 1990 _____ DM

Beginn der AfA: _____ Höhe: _____

Dauer: bis zur Vollabschreibung (wird vom Finanzamt überwacht).

§ 7 Abs. 5 Satz 1 Nr. 3 EStG:

Degressive AfA für zu Wohnzwecken vermietete Gebäude

Höhe:

a) *Bauantrag oder Kaufvertragsabschluß vor dem 1. 1. 1996*

4 Jahre je 7 % der AK / HK: _____ DM Beginn: _____ Ende: _____

6 Jahre je 5 % der AK / HK: _____ DM Beginn: _____ Ende: _____

6 Jahre je 2 % der AK / HK: _____ DM Beginn: _____ Ende: _____

24 Jahre je 1,25 % der AK / HK: _____ DM Beginn: _____ Ende: _____

b) *Bauantrag oder Kaufvertragsabschluß nach dem 31. 12. 1995*

8 Jahre je 5 % der AK / HK: _____ DM Beginn: _____ Ende: _____

6 Jahre je 2,5 % der AK / HK: _____ DM Beginn: _____ Ende: _____

36 Jahre je 1,25 % der AK / HK: _____ DM Beginn: _____ Ende: _____

AK / HK: Anschaffungs- oder Herstellungskosten (unbegrenzt) _____ DM

§ 7h EStG / § 7i EStG:

Modernisierungs- und Instandsetzungsmaßnahmen i. S. des Baugesetzbuches für Gebäude in Sanierungsgebieten und städtebaulichen Entwicklungsbereichen; Herstellungskosten bei Baudenkmälern

10 Jahre jeweils bis zu 10 v. H. der Herstellungskosten

Beginn der Abschreibung _____ letztmalig _____

Herstellungskosten _____ DM davon 10% _____ DM

§ 4 Fördergebietsgesetz:
Neubauten in den neuen Bundesländern und Berlin (West)
50 bzw. 40 bzw. 25 bzw. 20 v. H. Sonderabschreibung innerhalb der ersten fünf Jahre beliebig verteilbar (Einzelheiten s. Seite 31) zusätzlich zur linearen AfA von 2 %.

Anschaffungs-/

Herstellungskosten		DM	hiervon ____ %	DM
	Abzug 1. Jahr			DM
	Abzug 2. Jahr			DM
	Abzug 3. Jahr			DM
	Abzug 4. Jahr			DM
	Abzug 5. Jahr			DM
Abzug ab 6. Jahr: jeweils ¹⁄₄₅ des Restwerts				DM

§ 4 Abs. 3 Fördergebietsgesetz:
Vor dem 1. 1. 1999 durchgeführte Modernisierungsmaßnahmen und nachträgliche Herstellungsarbeiten an bestehenden Gebäuden in den neuen Bundesländern und Berlin (West)
50 v. H. Sonderabschreibung in den ersten fünf Jahren. Nach Abzug der 50 % Sonder-AfA, spätestens vom 6. Jahr an, ist der Restwert gleichmäßig auf die Zeit bis zum 10. Jahr abzugsfähig.

Aufwendungen				DM
Sonderabschreibung	1. Jahr		–	DM
	2. Jahr		–	DM
	3. Jahr		–	DM
	4. Jahr		–	DM
	5. Jahr		–	DM
Restwert				DM

Verteilung auf _____ Jahre   Beginn _____   letztmalig _____

Werbungskosten

Bei vermietetem bzw. teilweise vermietetem Haus- und Grundbesitz können folgende Aufwendungen als abzugsfähige Werbungskosten in Betracht kommen.
Achten Sie während des ganzen Jahres darauf, die entsprechenden Zahlungsbelege, Rechnungen etc. aufzubewahren. Sie brauchen diese als Nachweis bei der Einkommensteuererklärung.

	DM
Abbruchkosten	
Abfindungen an Mieter	
Abgeld	
Abschlußgebühr für Bausparvertrag	
Abschreibungen (AfA)	
Annoncen wegen Vermietung	
Bankspesen für Kontoführung	
Bauherren-Haftpflichtversicherung	
Bausparkassen-Darlehenszinsen	
Bauwesenversicherung	
Bereitstellungsprovision für Darlehen und Hypotheken	
Bürgschaftsgebühren	
Damnum	
Darlehensgebühr	
Disagio	
Erbbauzinsen	
Erhaltungsaufwand	
Erschließungskosten für Zweiterschließung	
Fahrstuhlbetriebskosten	
Fahrtkosten (mit eigenem PKW 0,52 DM/km)	
Finanzierungskosten aller Art	
Fußgängerzone (Beitrag für nachträgliche Schaffung)	
Geldbeschaffungskosten	
Grundbucheintragungen für Hypotheken und Grundschulden	
Grundsteuer	
Gutachterkosten für nicht erworbene Objekte	
Hausbeleuchtung	
Hausgeld bei Eigentumswohnungen	
(ohne Beiträge zur Instandsetzungsrücklage)	
Hausmeistervergütung	

	DM
Hausverwalterkosten	_____
Heizungskosten	_____
Hypothekenvermittlungsgebühr	_____
Instandsetzungs- und Instandhaltungsaufwendungen	_____
Kabelfernsehen: Einmalgebühr und Anschlußkosten bei bereits bestehenden Gebäuden	_____
Kaminkehrergebühren	_____
Kanalisation (Ergänzungsbeiträge u. Beiträge für nachträglichen Anschluß)	_____
Kanalreinigungsgebühren	_____
Literaturkosten für Steuerfachliteratur	_____
Maklerprovision für Vermittlung von Mietern	_____
Möbel bei möblierter Vermietung (abzugsfähig in Höhe der Abschreibung)	_____
Müllabfuhr	_____
Notariatsgebühren für Hypotheken- und Grundschuldbestellungen	_____
Prozeßkosten wegen Streitigkeiten mit Mietern oder Nachbarn	_____
Rechtsanwaltskosten	_____
Reisekosten (Verpflegungsmehraufwand, Fahrtkosten)	_____
Rentenzahlungen im Zusammenhang mit dem Erwerb eines Grundstücks	_____
Reparaturkosten	_____
Schätzungskosten für Geldbeschaffung	_____
Schornsteinfegergebühren	_____
Straßenreinigungsgebühr	_____
Telefonkosten	_____
Tilgungsstreckungsdarlehen in Höhe der jeweiligen Tilgung	_____
Umsatzsteuer	_____
Vergeblicher Aufwand (z. B. bei Konkurs des Bauunternehmers)	_____
Versicherungen (Brand-, Glas-, Leitungswasser-, Sturm-, Haftpflicht- und Grundstücksrechtsschutzversicherung u. a.)	_____
Vorsteuer	_____
Zinsen	_____

Arbeitszimmer

Aufwendungen für ein häusliches Arbeitszimmer können ab 1996 als Werbungskosten oder Betriebsausgaben nur noch abgezogen werden, wenn
- die berufliche oder betriebliche Nutzung des Arbeitszimmers mehr als 50% der gesamten beruflichen oder betrieblichen Tätigkeit beträgt oder
- für die berufliche oder betriebliche Tätigkeit kein anderer Arbeitsplatz zur Verfügung steht.

Der Abzug ist auf einen jährlichen Höchstbetrag von 2400,– DM begrenzt. Unter die Höchstbetragsregelung fallen nicht nur die Raumkosten, sondern auch die Aufwendungen für die Ausstattung des Arbeitszimmers. Nur wenn das Arbeitszimmer der Mittelpunkt der gesamten beruflichen oder betrieblichen Tätigkeit bildet, werden die Aufwendungen in voller Höhe als Werbungskosten oder Betriebsausgaben berücksichtigt.

Falls der Werbungskosten- oder Betriebsausgabenabzug in Betracht kommt, können die Aufwendungen nach dem folgenden Schema ermittelt werden:

Ermittlung der abzugsfähigen Werbungskosten / Betriebsausgaben

Wohnungsgröße inkl. Arbeitszimmer $\qquad$ qm

Größe Arbeitszimmer $\qquad$ qm

Anteil Arbeitszimmer: $\dfrac{\text{Arbeitszimmer} \quad \text{qm}}{\text{Wohnfläche} \quad \text{qm}} \times 100 = \qquad$ v.H.

Anteilig abzugsfähige Kosten für das Arbeitszimmer

Gesamtaufwand für die Wohnung / das Haus

Schuldzinsen $\qquad$

Gebäudereparaturen $\qquad$

Grundsteuer $\qquad$

Gebäudeversicherungen $\qquad$

Hausratversicherung $\qquad$

Müllabfuhr $\qquad$

Reinigung $\qquad$

Strom und Wasser $\qquad$

Schornsteinfegergebühren $\qquad$

Heizung $\qquad$

Wohngeld bei Eigentumswohnungen $\qquad$

Sonstiges $\qquad$

insgesamt $\qquad$

hiervon Anteil Arbeitszimmer ($\quad$ v.H. – wie oben) $\qquad$

Abschreibung Gebäude:

Anschaffungs- oder Herstellungskosten ＿＿＿＿＿＿
(ohne Grund und Boden)

Anteil Arbeitszimmer   (v.H. – wie oben)   ＿＿＿＿＿＿

Abschreibungssatz   (2 v.H., 2,5 v.H., 5 v.H.)   ＿＿＿＿＿ v.H.

Abschreibung
anteilige AK/HK × AfA-Satz: ＿＿＿＿＿＿ × ＿＿＿＿＿＿   ＿＿＿＿＿＿

Direkt abzugsfähige Kosten

Maler-, Tapezierarbeiten für Arbeitszimmer   ＿＿＿＿＿＿

Teppichbodenerneuerung   ＿＿＿＿＿＿

Reinigung   ＿＿＿＿＿＿

＿＿＿＿＿＿＿＿＿＿＿＿＿＿＿＿＿＿＿＿＿＿＿＿＿＿＿   ＿＿＿＿＿＿

＿＿＿＿＿＿＿＿＿＿＿＿＿＿＿＿＿＿＿＿＿＿＿＿＿＿＿   ＿＿＿＿＿＿

Einrichtungsgegenstände unter 800,— DM (z.B. Vorhänge,
Schreibtischstuhl, Lampe)

＿＿＿＿＿＿＿＿＿＿＿＿＿＿＿＿＿＿＿＿＿＿＿＿＿＿＿   ＿＿＿＿＿＿

＿＿＿＿＿＿＿＿＿＿＿＿＿＿＿＿＿＿＿＿＿＿＿＿＿＿＿   ＿＿＿＿＿＿

＿＿＿＿＿＿＿＿＿＿＿＿＿＿＿＿＿＿＿＿＿＿＿＿＿＿＿   ＿＿＿＿＿＿

＿＿＿＿＿＿＿＿＿＿＿＿＿＿＿＿＿＿＿＿＿＿＿＿＿＿＿   ＿＿＿＿＿＿   ＿＿＿＿＿＿

Abschreibung für Einrichtung (s. S. 119)

Einrichtungsgegenstände über 800,— DM

Anschaffungskosten 19＿＿＿ ＿＿＿＿＿＿＿＿＿

hiervon ＿＿＿＿ v.H. Abschreibung   ＿＿＿＿＿＿

Anschaffungskosten 19＿＿＿ ＿＿＿＿＿＿＿＿＿

hiervon ＿＿＿＿ v.H. Abschreibung   ＿＿＿＿＿＿

Anschaffungskosten 19＿＿＿ ＿＿＿＿＿＿＿＿＿

hiervon ＿＿＿＿ v.H. Abschreibung   ＿＿＿＿＿＿   ＿＿＿＿＿＿

Summe der abzugsfähigen Werbungskosten/Betriebsausgaben

Höchstbetrag: 2400, – DM   ＿＿＿＿＿＿

Abschreibungsübersicht

für Einrichtungsgegenstände über 800, – DM bei häuslichem Arbeitszimmer bzw. möblierter Vermietung

Bezeichnung	Anschaffungs-datum	Ansch.-Kosten 1997 bzw. Restwert 31.12.1996 DM	Nutzungs-dauer (Jahre)	AfA-Satz v.H.	AfA-Betrag DM	Restwert 31.12.1997 DM

Erhaltungsaufwendungen

Rechnungs-datum	Lieferant / Handwerker	Material / ausgeführte Arbeiten	Bezahlter Betrag DM	Voller Abzug DM	Verteilung DM

Summe

davon werden:

sofort in voller Höhe abgezogen

nach § 82 b EStDV gleichmäßig verteilt

auf 2, 3, 4 oder 5 Jahre

jährlicher Abzugsbetrag

Nachholung nicht ausgenutzter Grundförderung

Die Grundförderung nach § 10e EStG muß in den einzelnen Jahren nicht mit 6 % bzw. 5 % abgezogen werden. Es kann jeweils ein niedrigerer Betrag geltend gemacht werden. Die in den Vorjahren nicht ausgenutzte Grundförderung kann in den folgenden Jahren, spätestens bis zum Ablauf des achtjährigen Begünstigungszeitraums nachgeholt werden.

Berechnungsschema für die Nachholung:

1. Jahr

Möglicher Abzug 6 % der BMG*	_____	DM
abgezogen lt. Steuererklärung ./.	_____	DM
verbleiben	_____	DM

2. Jahr

6 % der BMG	+ _____	DM
insgesamt möglicher Abzug	_____	DM
abgezogen lt. Steuererklärung ./.	_____	DM
verbleiben	_____	DM

3. Jahr

6 % der BMG	+ _____	DM
insgesamt möglicher Abzug	_____	DM
abgezogen lt. Steuererklärung ./.	_____	DM
verbleiben	_____	DM

4. Jahr

6 % der BMG	+ _____	DM
insgesamt möglicher Abzug	_____	DM
abgezogen lt. Steuererklärung ./.	_____	DM
verbleiben (Übertrag)	_____	DM

5. Jahr

Übertrag	_____	DM
5 % der BMG	+ _____	DM
möglicher Abzug	_____	DM
abgezogen ./.	_____	DM
verbleiben	_____	DM

6. Jahr

5 % der BMG	+ _____	DM
möglicher Abzug	_____	DM
abgezogen ./.	_____	DM
verbleiben	_____	DM

7. Jahr

5 % der BMG	+ _____	DM
möglicher Abzug	_____	DM
abgezogen ./.	_____	DM
verbleiben	_____	DM

8. Jahr

5 % der BMG	+ _____	DM
voller Abzug	_____	DM

* BMG = Bemessungsgrundlage

Jahresplanung

Januar

Februar

März

April

Mai

Juni

Juli

August

September

Oktober

November

Dezember

Belegungsplan

(Ferienwohnung)

Monat	1	2	3	4	5	6	7	8	9	10	11	12	13	14	15	16	17	18	19	20	21	22	23	24	25	26	27	28	29	30	31
Jan.	MI	DO	FR	SA	SO	MO	DI	MI	DO	FR	SA	SO	MO	DI	MI	DO	FR	SA	SO	MO	DI	MI	DO	FR	SA	SO	MO	DI	MI	DO	FR
Febr.	SA	SO	MO	DI	MI	DO	FR	SA	SO	MO	DI	MI	DO	FR	SA	SO	MO	DI	MI	DO	FR	SA	SO	MO	DI	MI	DO	FR			
März	SA	SO	MO	DI	MI	DO	FR	SA	SO	MO	DI	MI	DO	FR	SA	SO	MO	DI	MI	DO	FR	SA	SO	MO	DI	MI	DO	FR	SA	SO	MO
April	DI	MI	DO	FR	SA	SO	MO	DI	MI	DO	FR	SA	SO	MO	DI	MI	DO	FR	SA	SO	MO	DI	MI	DO	FR	SA	SO	MO	DI	MI	
Mai	DO	FR	SA	SO	MO	DI	MI	DO	FR	SA	SO	MO	DI	MI	DO	FR	SA	SO	MO	DI	MI	DO	FR	SA	SO	MO	DI	MI	DO	FR	SA
Juni	SO	MO	DI	MI	DO	FR	SA	SO	MO	DI	MI	DO	FR	SA	SO	MO	DI	MI	DO	FR	SA	SO	MO	DI	MI	DO	FR	SA	SO	MO	

124

Monat	1	2	3	4	5	6	7	8	9	10	11	12	13	14	15	16	17	18	19	20	21	22	23	24	25	26	27	28	29	30	31
Juli	DI	MI	DO	FR	SA	SO	MO	DI	MI	DO	FR	SA	SO	MO	DI	MI	DO	FR	SA	SO	MO	DI	MI	DO	FR	SA	SO	MO	DI	MI	DO
Aug.	FR	SA	SO	MO	DI	MI	DO	FR	SA	SO	MO	DI	MI	DO	FR	SA	SO	MO	DI	MI	DO	FR	SA	SO	MO	DI	MI	DO	FR	SA	SO
Sept.	MO	DI	MI	DO	FR	SA	SO	MO	DI	MI	DO	FR	SA	SO	MO	DI	MI	DO	FR	SA	SO	MO	DI	MI	DO	FR	SA	SO	MO	DI	
Okt.	MI	DO	FR	SA	SO	MO	DI	MI	DO	FR	SA	SO	MO	DI	MI	DO	FR	SA	SO	MO	DI	MI	DO	FR	SA	SO	MO	DI	MI	DO	FR
Nov.	SA	SO	MO	DI	MI	DO	FR	SA	SO	MO	DI	MI	DO	FR	SA	SO	MO	DI	MI	DO	FR	SA	SO	MO	DI	MI	DO	FR	SA	SO	
Dez.	MO	DI	MI	DO	FR	SA	SO	MO	DI	MI	DO	FR	SA	SO	MO	DI	MI	DO	FR	SA	SO	MO	DI	MI	DO	FR	SA	SO	MO	DI	MI

Individuelle Übersicht

Jahrbuch für Haus und Wohnung

Freundschaftswerbung

Das „Jahrbuch für Haus und Wohnung" ist Ihnen als praktisches Organisationsbüchlein für alle Belange rund um Haus oder Wohnung seit einigen Jahren eine wichtige Hilfe. „Haus im Griff" lautet seitdem Ihre Devise bei allem, was auch immer ansteht. Die abgeschlossenen Jahrgänge geben als Tagebuch die Entwickung Ihres Eigentums bis ins kleinste Detail wieder.

Überzeugen Sie doch auch Ihre Freunde von dem praktischen Nutzen dieses Jahrbuchs. Wenn Sie für uns einen neuen Abonnenten gewinnen, erhalten Sie als Dankeschön eine Prämie.

Prämien-Wunschzettel

Bitte kreuzen Sie Ihre gewünschte Prämie an:

☐ Der Tip des Tages

ein Schreibtischkalender der besonderen Art: Jeder Tag ein interessanter Tip, ein wichtiges Urteil aus Recht und Wirtschaft. So werden Sie jeden Tag ein bißchen klüger.

☐ 5-Meter-Bandmaß

mit integrierter Wasserwaage. Mit diesem pfiffigen Gerät messen Sie nicht nur, sondern setzen alles gleich ins Lot.

☐ Betrieb in Zahlen

das statistische Jahrbuch zur Erfassung betrieblicher Zahlen. Über alles Wesentliche Ihres Betriebs sind Sie so informiert.

☐ Solarrechner

als Hundertmarkschein. Der Rechner paßt in Ihr Jahrbuch und Sie haben das Gefühl, das Geld geht Ihnen nie aus.

Ich habe den neuen Abonnenten gewonnen

und habe mir oben angekreuzte Prämie ausgewählt. Die Lieferung erfolgt nach Bezahlung des Jahrbuchs durch den neuen Abonnenten. Bitte liefern Sie meine Prämie an folgende Anschrift:

_____
Name

_____
Straße

_____
PLZ, Ort   211552

Blatt bitte heraustrennen und im Umschlag einsenden an:

Rudolf Haufe Verlag
Postfach 740
79007 Freiburg

Fax: 0761 / 36 83 - 950

| 9 | | | | | | | Kunden-Nummer (falls vorhanden)

Empfehlungs-Bestellschein

Prämien-Wunschzette umseitig

Ich bin Ihr neuer Abonnent

Ja, senden Sie mir bitte gegen Rechnung das „Jahrbuch für Haus und Wohnung 97" zum Einzelpreis von z. Z. DM 25,80.

Meine Anschrift:

_____

Name / Firma

_____

Beruf / Branche

_____

Straße / Nr.

_____

PLZ, Ort

Diese Bestellung soll gleichzeitig zur laufenden Lieferung der späteren Jahrgänge vorgemerkt werden. Widerruf jederzeit ohne Einhaltung einer Frist möglich. Erfüllungsort: Freiburg. Gerichtsstand für Vollkaufleute: Freiburg.

_____

Datum   Bestellunterschrift

Mein Widerrufsrecht:

Ich bestätige mit meiner 2. Unterschrift, daß ich diese Bestellung innerhalb von einer Woche schriftlich beim Rudolf Haufe Verlag, 79091 Freiburg, widerrufen kann. Zur Wahrung der Frist genügt die rechtzeitige Absendung des Widerrufs.

_____

Datum   Unterschrift für Widerrufsrecht

Blatt bitte heraustrennen und im Umschlag einsenden an:

Rudolf Haufe Verlag
Postfach 740
79007 Freiburg

Telefonische
Eilbestellung: 0130 / 47 77
zum Nulltarif

schnell und rationell per Fax

Fax: `0761 / 36 83 - 950`

Jahrbuch für Haus und Wohnung

Anhang
1997 – _____

Angaben zu Haus / Wohneigentum

Eigentümer _____

(ggf.: Miteigentümer _____; Miteigentums-Anteil _____)

Lage (Postanschrift) _____

Grundbuch von _____

Band _____ Blatt _____ Flurstück-Nr. _____

Grundstücksgröße _____ m² davon überbaut _____ m²

Gebäudeart _____ Baujahr _____ Umbauter Raum _____ m³

Wohnfläche _____ Nutzfläche _____ Garagen/Stellplätze _____

Anzahl der Wohnungen / Räume _____

_____

_____

Einheitswert: Bescheid Finanzamt _____ vom _____ DM _____

                     Änderungsbescheid   vom _____ DM _____

Grundsteuer: Bescheid   vom _____ DM _____

                     Änder.-Bescheid vom _____ DM _____

                     Fälligkeit / DM _____

Gebäudeversicherung: Versicherungswert DM _____

                     Beitrag/Prämie DM _____ /jährlich

                     Fälligkeit/DM _____

Verkäufer _____ Tel. _____

Anschrift _____

Makler _____ Tel. _____

Anschrift _____

Notar _____ Tel. _____

Anschrift _____

Notarieller Erwerbsvertrag vom _____

Urk.-Rollen-Nr. _____

Auflassungs-Vormerkung eingetragen am _____

Eigentumsumschreibung am _____

Lasten- und Nutzungsübergang am _____

Kaufpreis/Herstellungskosten _____

Bezug am _____

Gewährleistungs-Fristende _____

Wohnungs-Nr. _____   Garagen-Nr. _____

(nach Aufteilungsplan / Teilungserklärung)

Miteigentumsanteil:

a) Wohnungseigentum _____   b) Garage _____

Gewährleistungsfristende:

a) Sondereigentum _____   b) Gemeinschaftseigentum _____

Abnahmeprotokoll

a) Sondereigentum _____   b) Gemeinschaftseigentum _____

Eintragungen im Grundbuch (Grundpfandrechte, Grunddienstbarkeiten)

_____

_____

_____

_____

Baulasten lt. Baulastenverzeichnis

_____

_____

Sonstige Angaben

_____

_____

1

Baukosten

Grundstück	DM	DM
Preis		
Nebenkosten		
Erschließung		

Rohbau

Erdarbeiten		
Maurer- und Betonarbeiten		
Zimmerleute		
Dachdecker		
Klempner		

Ausbau

Putz und Stuck		
Estrich		
Bodenbeläge		
Fliesen/Kacheln		
Schreiner		
Glaser		
Jalousien/Rolläden		
Sanitär		
Elektroinstallationen		
Treppen		
Heizung		
Maler/Tapezierer		
Küche		
Einbauarbeiten		

Außenanlage

DM	DM

Umzäunung

Gartenanlage

Garage

Zufahrt

Nebenkosten

Architekt

Statik

Baubetreuung

Angaben an Behörden

Notar

Grundbuch

Sonstiges

Gesamt

Versicherungen

	Gebäude	Hausrat
Gesellschaft		
Police-Nr.		
Vers.-Summe		
jährl. Betrag		
Vertragsbeginn		
Laufzeit		
Vers.-Vertreter		
Tel.		

Gesellschaft		
Police-Nr.		
Vers.-Summe		
jährl. Betrag		
Vertragsbeginn		
Laufzeit		
Vers.-Vertreter		
Tel.		

Gesellschaft		
Police-Nr.		
Vers.-Summe		
jährl. Betrag		
Vertragsbeginn		
Laufzeit		
Vers.-Vertreter		
Tel.		

Versorgung

Strom _____

Anschrift _____

Tel. _____ Kd.-Nr. _____

Wasser _____

Anschrift _____

Tel. _____ Kd.-Nr. _____

Gas _____

Anschrift _____

Tel. _____ Kd.-Nr. _____

Öl _____

Anschrift _____

Tel. _____ Kd.-Nr. _____

_____

Anschrift _____

Tel. _____ Kd.-Nr. _____

_____

Anschrift _____

Tel. _____ Kd.-Nr. _____

Verbrauch im Langzeitvergleich

pro Jahr bzw. pro Abrechnungszeitraum

	Strom			Gas		
	Verbrauch KWh	Kosten DM	Abschlag DM	Verbrauch m³	Kosten DM	Abschlag DM
19 . .						
19 . .						
19 . .						
19 . .						
19 . .						
19 . .						
19 . .						
19 . .						
19 . .						
19 . .						
19 . .						

	Wasser			Heizöl	
	Verbrauch m³	Kosten DM	Abschlag DM	Verbrauch l	Kosten DM
19 . .					
19 . .					
19 . .					
19 . .					
19 . .					
19 . .					
19 . .					
19 . .					
19 . .					
19 . .					
19 . .					

Gebühren im Langzeitvergleich

	Müll ...-Litergefäß	Wasser je m³	Abwasser je m³	. . . .
19 . .	_____	_____	_____	_____
19 . .	_____	_____	_____	_____
19 . .	_____	_____	_____	_____
19 . .	_____	_____	_____	_____
19 . .	_____	_____	_____	_____
19 . .	_____	_____	_____	_____
19 . .	_____	_____	_____	_____
19 . .	_____	_____	_____	_____
19 . .	_____	_____	_____	_____
19 . .	_____	_____	_____	_____
19 . .	_____	_____	_____	_____

Grundsteuer

	Art	Meßbetrag DM	Hebesatz v.H.	Steuerbetrag DM
19 . .	_____	_____	_____	_____
19 . .	_____	_____	_____	_____
19 . .	_____	_____	_____	_____
19 . .	_____	_____	_____	_____
19 . .	_____	_____	_____	_____
19 . .	_____	_____	_____	_____
19 . .	_____	_____	_____	_____
19 . .	_____	_____	_____	_____
19 . .	_____	_____	_____	_____
19 . .	_____	_____	_____	_____
19 . .	_____	_____	_____	_____

Abschreibungstabelle

für erhöhte Absetzungen und Sonderabschreibungen

(z. B. nach § 7h   EStG bei Gebäuden in Sanierungsgebieten,
        § 7i   EStG für denkmalgeschützte Gebäude,
        § 4 Abs. 3 Fördergebietsgesetz für Modernisierungsmaßnahmen)

Art der Maßnahme   _____   _____

Jahr der Fertigstellung   _____   _____

Abschreibungs-
vorschrift   _____   _____

Aufwand   _____ DM   _____ DM

Jahr	v. H.-Satz	Betrag DM	Jahr	v. H.-Satz	Betrag DM

Restbetrag
(erhöht Bemessungsgrundlage
für die Gebäude-AfA)   _____   _____

Abschreibungstabelle

(für lineare und degressive Gebäude-Abschreibungen)

Fertigstellungsjahr _____ Anschaffungsjahr _____

Abschreibung nach
☐ § 7 Abs. 4 EStG (linear)[1] ☐ § 7 Abs. 5 EStG (degressiv)[2] ☐ §§ 3, 4 Fördergebietsgesetz[3]

Jahr	Anschaffungs- bzw. Herstellungskosten	nachträgliche AK/HK	AfA-Bemessungsgrundlage (Spalten 2 + 3)	AfA-satz	AfA-Betrag	Restwert (1. Jahr: Spalte 4 abzgl. Spalte 6; ab 2. Jahr: Spalte 7 Vorjahr zzgl. Spalte 3 lfd. Jahr abzgl. Spalte 6 lfd. Jahr)
1	2	3	4	5	6	7

[1] siehe Seite 113   [2] siehe Seite 113   [3] siehe Seite 114

Chronologie der Entschuldung

Erwerb am _____   Weiterer Finanzierungsbedarf
                                        wegen _____

Preis/Kosten   _____   _____
+ Nebenkosten   _____   _____
./. Eigenkapital   _____   _____
= Kreditbedarf   _____   _____
+ Disagio   _____   _____

= Kreditsumme   _____   _____

zu folgenden Konditionen:

_____
_____
_____
_____
_____

19 ____ Tilgung _____ Zinsen _____ verbleibender Kredit _____
19 ____ Tilgung _____ Zinsen _____ verbleibender Kredit _____
19 ____ Tilgung _____ Zinsen _____ verbleibender Kredit _____

_____
_____
_____
_____
_____
_____
_____
_____
_____

Adressen

(Störungsstellen, ETW, Behörden, Nachbarn, Handwerker, Mieter)

Störungsstellen	Name/Firma Anschrift	Telefon
Gas		
Strom		
Wasser		

Eigentumswohnung

Verwalter		
ges. Vertr.		
Hausmeister		
Beirat (Vors.)		
Gewerbl. Zwischenmieter		
ges. Vertr.		
(End-)Mieter		

Behörden

Nachbarn

Handwerker

Zuständig für	Name/Firma	Anschrift	Telefon

Mieter (Ferienwohnung)

Name/Anschrift	Telefon

Individuelle Übersicht

Hausrat und Wertgegenstände

(Kopiervorlage)

Name _____ Kennzeichnung der Wertsachen:

Straße _____

Wohnort _____ _____

Datum _____

Gegenstand	Hersteller/Marke Typenbezeichnung ggf. Kurzbeschreibung	Fabrik-Nr.

Unverwechselbare Merkmale	Kaufpreis	Zeitpunkt der Anschaffung